생명내부
로부터의
혁명

성평건

나눔사

책머리에

인간이 지닌 의식의 깊은 곳에는 생명의 실체가 자리잡고 있다. 생명의 실체는 인간에게 현실적인 삶을 살아가는 모든 지혜와 에너지를 공급해 주고 있다. 생명의 실체는 진정한 자아(Higher self)인 것이다.

생명의 실체는 인간의 의식 속에 숨어 있지만 끊임없이 인간의 삶에 나침반 역할을 하고 있다. 생명의 실체는 우주의 깊은 불변의 세계와 파동으로 공명하면서 지혜와 에너지를 마련해 준다.

필자는 대학교에서 화학공학을 전공한 엔지니어로서 삼성그룹에서 30년간, 삼성종합화학(현 삼성토탈) 등에서 7여 년의 사장직을 역임한 바 있다. 본인이 중심이 되는 창업을 결심하고 1994년에 삼성을 떠나 1995년 7월 7일 기업에서의 체험을 바탕으로 현장실험을 거쳐 '생명과 파동공명의 원리(Life and wave resonance theory)'를 발표한 바 있다. 필자는 이 원리를 활용하여 끓여도 육각구조가 유지되는 레민다 파동 육각수를 개발하였다.

낡은 과학이나 오래된 비즈니스의 패러다임을 가지고는 이 책에서 소개하는 생명의 개념, 새로운 과학과 제품에 대하여 이해하기는 힘들지도 모른다. 그러나 육각수, 파동, 힐링의 세계는 이제 막 태동하는 기술과 비즈니스로서 머지않아 세계의 주목을 받아 크게 발전할 것이다. 그러므로 독자는 유연한 사고와 열린 마음으로 읽어 주기 바란다.

현대과학은 기계로 측정한 결과가 있어야 믿는 기계중심의 과학이나 물, 파동, 힐링의 세계는 기계로 확인할 수 있는 요소보다는 인간이 직접 체험하여 확인하는 인간중심의 과학이 대부분을 차지하고 있다. 새로운 과학은 기계중심의 과학과 인간중심의 과학이 균형을 이루어야 할 것이다.

인류는 현대에 이르러 물질적 풍요 면에서 큰 진전을 이루었지만 아직도 많은 사람들이 전쟁, 테러, 종교분쟁, 질병, 기아 등으로 고통받고 있다. 인류가 안고 있는 현재의 문제점을 획기적으로 해결하는 방안을 찾아야 하며 그 길은 존재한다. 필자는 그 대안으로 이 책을 준비한 것이다.

새로운 세계를 열어가기 위해서는 고정관념, 불필요한 인간의 감정과 기존의 가치관을 버리거나 대폭 수정하여야 한다. 인류가 만들어 갈 새로운 세계의 모습을 분명히 그리면서 강렬한 의지로 실현해야 세계가 바뀔 것이다.

인간이 자신의 내면세계에 있는 진정한 생명의 목소리에 귀를 기울일 때 창조의 시대는 활짝 열려 진정한 행복을 공유하는 세계가 열릴 것이다.

이 책이 21세기 인류가 건강, 경제, 문화와 가치관을 혁명적으로 바꾸는 새로운 기술과 비즈니스의 기폭제로써 많은 사람들의 관심과 사랑을 받기를 기원한다. 빠른 시일 내 이 책을 일어, 영어 및 중국어로 출판하여 세계 속으로 소개할 계획이다. 이 책이 출판되도록 도와준 많은 사람들에게 감사드린다.

2007년 8월

저자 **성 평 건**

차례

차례

제**1**장
우주의 **파동**과 **인간생활**

1. 우주의 파동과 인간생활

인간은 육체적인 면만을 생각하면 입자의 세계를 지니고 있다. 인간의 육체를 세포-분자-원자 단계를 넘어 소립자까지 미세하게 관찰한다면 거기에 파동성이 있음을 알 수 있다. 그래서 인간은 물리학적으로 설명하면 입자이면서 파동이라는 양면성을 갖는다. 이러한 양면성은 물, 돌과 같은 우주 속의 모든 존재에 적용된다.

한편 인간의 마음이나 정신적인 면과 같이 눈에 보이지 않는 세계는 파동과 연관되어 있다. 파동은 마음에서 시작하여 더 넓은 우주공간으로 연결되어 있다. 인간이 파동을 통해 우주의 생명정보를 수신할 수 있는 이유이기도 하다.

입자의 세계는 파동과 같이 자유롭지 못한 한계가 있다. 이 장에서는 파동을 탐구대상으로 정하고 필자의 독특한 견해와 주장을 소개하고자 한다.

◈ 파동이란 무엇인가?

파동은 아직도 명쾌한 이론이 정립되어 있지 않은 미개척의 분야라 할 수 있다. 에너지, 빛, 소리와 같은 것에 파동이 있다는 것은 이미 알려져 있다. 인간이 살아가는 우주나 자연 속에는 파동이 존재하고 있으며 이것은 인간의 생명활동과 연결되어 있다.

필자는 1995년에 '생명과 파동공명의 원리(life and wave resonance theory)'를 발표한 바 있다. 이에 의하면 인간은 물론 돌, 물, 기계 등도 생명과 의식이 있는 생명체이다. 10년 이상 파동을 생명의 관점에서 연구하면서 파동의 실체, 파동의 법칙 등을 알아내고 파동의 기술을 비즈니스에 접목하는 등의 실적을 쌓아가고 있다.

파동은 눈에 보이지도 않고 기계로 측정하기도 쉽지 않다. 따라서 파동은 많은 사람의 관심에서 벗어나 있다. 파동은 인간의 체험을 통해서 확인할 수 있는 인간중심의 과학적인 요소가 많다.

새로운 것이 인정되기까지는 시간이 걸리겠지만 기존의 패러다임을 버려야 새로운 것이 탄생하는 법이다. 열린 마음으로 파동의 진실을 이해하고 받아들이면 파동의 세계가 인간을 또 다른 세계로 인도할 것이다.

◉ 입자와 파동

모든 물질을 이루고 있는 기본 단위를 원자라고 한다. 이 원자

생명 내부(Higher Self)로부터의 혁명

는 전자와 원자핵으로 나누어진다. 전자는 원자 주위를 회전하고 있으며 원자핵은 양성자와 중성자로 이루어져 있다.

　물질을 이루는 작은 알갱이를 입자(particle)라고 일컫는다. 입자는 부피는 없으나 질량을 갖는 "점질량"이라고도 한다. 입자는 고정되어 있고 움직이지 않는다.

　입자 가운데서도 물질을 이루는 기본 입자를 소립자(elementary particle)라고 한다. 물리학의 발전에 따라 새로운 소립자가 속속 발견되고 있다. 그중의 하나가 쿼크(quark)로 알려져 있다.

　파동(wave)은 입자가 진동(vibration)할 때 미세한 에너지가 번져 나가는 현상을 일컫는다. 물질은 각각 고유의 파동을 가진다. 호수에서 물결의 파형이 번져 가는 현상이나 소리가 공기 속에서 번져 나가는 것은 파동의 현상이다.

물결의 파동

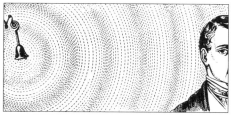

소리의 파동

【파동의 현상】

파동은 입자와는 달리 고정된 것이 아니고 자유롭게 움직이면서 확산되는 성질을 가지고 있다. 이렇게 입자와 파동은 대립되는 개념이지만 입자가 나타내는 성질이 파동이므로 두 가지는 긴밀하게 연관되어 있다. 파동은 기(氣)와 똑같은 개념이다.

◉ 양자역학과 파동

입자와 파동을 과학적으로 규명한 학문이 20세기 초에 태동한 양자역학(量子力學, quantum phyics)이다. 20세기에 들어 일단의 물리학자들은 원자나 소립자처럼 극히 미세한 세계를 탐구하는 양자역학을 탄생시켰다.

원자는 1억분의 1cm밖에 안 되는 미립자이다. 양자역학은 초미세한 세계를 수식(數式)이라는 언어에 의해 물질과 우주의 근본까지 밝혀내고 있는 물리학의 한 분야라 할 수 있다.

양자역학이 태동하기 전의 고전역학 즉 뉴톤 역학의 시대에는 원자, 전자, 핵이 입자이면서 고정된 것으로 생각하였다. 그러나 이 이론만으로는 설명되지 않는 현상이 있어 양자역학이 새롭게 태동한 것이다.

양자역학에서 원자, 전자, 핵 등이 입체적으로 진동(振動)하면서 자유롭게 회전하고 움직이는 것을 확인했다. 다시 말하면 입자인 원자, 전자, 핵 등이 파동의 성격을 갖고 있다는 것이다. 이와 같이 양자역학의 세계에서는 입자와 파동이 함께 존재한다는 것이다.

이 이론은 기존의 물리학자들에게는 받아들여지지 않았다. 입자이면서 파동처럼 행동할 수 없고 파동이면서 입자처럼 행동할 수 없다고 믿었기 때문이다. 입자이면서 동시에 파동이라는 새로운 학설을 주장한 프랑스의 드브로이가 1929년에 노벨물리학상을 받으면서 새로운 양자역학의 시대가 열린 것이다.

뉴턴과 아인슈타인을 포함한 고전물리학에서는 빛보다 빠른 존재가 없는 것으로 되어 있다. 그러나 양자역학은 우주에는 빛보다 빠르게 움직이는 것이 있음을 발견했다. 인간이 생각하는 의식의 파동이 멀리 떨어져 있는 사람에게 순간적으로 텔레파시로 전달되는데 이를 염파(念波)라고 한다. 이 염파의 속도는 빛보다 빠르다. 우주의 파동 역시 빛보다 빠르게 움직인다.

이렇게 인간의 상식으로는 쉽게 이해되지 않는 과학이 양자역학이다. 그러나 반도체, 컴퓨터, 초전도체 등은 양자역학에 의해 탄생한 양자역학의 산물로 생활 깊숙이 연관되어 있다. 21세기 과학문명은 양자역학에 의해 끊임없이 발전할 것이다.

양자역학 이전에는 그러면 파동의 개념이 없었는가? 그것은 아니다. 파동은 파동으로 이해하고 입자는 입자로만 이해한 것이다. 사람들이 모두 빛은 파동이라고 이해하고 있던 약 100년 전인 20세기 초에 빛은 입자의 성질도 가지고 있다는 사실이 밝혀지게 되었는데, 이를 밝힌 공로로 노벨상을 받은 사람이 바로 아인슈타인이다.

지금까지 설명한 양자역학적 관점에서 파동을 정의해 보면 다음과 같다. 원자 전체나 혹은 원자핵의 소립자가 진동하면 그 주변에 미세한 에너지가 퍼져 나가는데 이것이 파동이다. 양자역학의 궁극적 의미는 파동이 모이면 입자 즉 물질로 바뀐다는 것이다.

◉ 파동의 원천은 마음이다

인체를 양자역학적으로 볼 때 소립자 레벨에서는 입자이면서 동시에 파동이라는 관점이 새롭게 생겨난 것이다. 인체는 60조(兆) 개의 세포로 구성되어 있는데 그 세포를 구성하는 원자, 원자핵이 입자이면서 파동성을 띠고 있는 것이다.

인간의 육체는 위, 장, 간, 심장 등의 조직이 기계 부속품처럼 서로 연결된 것이 아니라 파동에 의해 유기적 결합을 이루고 있는 파동의 집합체이다. 인간이 바로 파동이다. 인체의 장기는 고유의 파동을 발산하면서 인체가 유기적으로 움직이고 생명활동을 유지하도록 하는데, 이것이 바로 파동이다.

인체는 파동의 집합체인데 이렇게 파동으로 꽉 차 있는 인체 속의 공간은 무엇일까? 인간이 소우주이므로 인체 내의 공간 역시 소우주라고 할 수 있으며, 이곳이 바로 마음이다.

◉ 파동은 마음의 영향력

파동은 마음에서 출발하며 마음이 파동의 원천(source)이기도 하다. 이것을 달리 표현하면 파동은 '마음의 영향력'이라 할 수 있다. 이런 뜻에서 파동은 마음의 파동(mind wave)이고 이것을 흔히 염력(念力)이라고도 한다.

우리는 가끔 멀리 떨어져 있는 사람을 생각하고 있는 순간에 그 사람으로부터 전화를 받는 경우가 있다. 두 사람의 마음이 갖는 영향력이 순간적으로 연결된 것이다. 우리는 이것을 텔레파시라고도 하는데 이것이 바로 마음의 파동이다. 두 사람 사이에 마음의 파동 주파수가 같아 멀리 떨어져 있는 사람이 전화를 걸도록 영향을 준 것이다.

또 다른 예를 들어 보겠다. 파동육각수를 마시면 물속에 있는 파동이 마신 사람의 마음에 작용한다. 물을 마신 사람이 수험생이라면 학업성적을 올리고 싶은 욕망을 가지고 있다. 이때 파동육각수의 파동은 학력을 올리고 싶은 학생의 소원을 자신의 세포에 강하게 전달하게 된다. 그 결과 학생은 집중력과 창의력을 향상시켜 소원을 성취할 수 있다. 이 경우도 마음의 영향력이 작용한 결과인데 이것이 바로 파동의 작용이다.

◉ 마음의 본체는 우주

인간의 마음은 어디에 있을까? 인간의 마음은 '뇌'나 '가슴'에만 있는 것이 아니다. 마음은 육체 안에도 있지만 마음의 본체는 육체의 내부가 아니고 육체의 외부에 있다. 육체가 마음의 본체 안에 존재한다.

육체는 형상이 있지만 마음은 형상이 없다. 자기의 마음은 자기의 마음이 공명하여 감지할 수 있는 공간 즉 우주라고 할 수 있다. 다음 그림을 참조하면 마음의 위치를 쉽게 이해할 수 있으리라 생각된다.

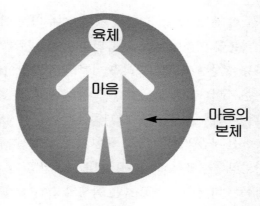

【마음의 위치】

어떤 사람의 마음이 먼 우주까지 공명한다면 그 사람의 마음은 그만큼 넓다고 할 수 있다. 마음은 사람에 따라 그 본체의 위치가 크게 차이가 있다. 마음이 좁은 사람과 넓은 사람의 차이는 마음이 공명하는 우주의 크기에 따라 결정된다.

마음이 인간의 육체 내에 한정된 것이 아니라는 것은 이해했으리라 생각한다. 인간의 육체를 세포의 물리적 집합으로 생각하면 키와 몸무게로 한정된다. 그러나 인간의 마음이 우주처럼 스케일이 크다는 것이 시사하는 바는 크다. 석가나 공자와 같이 성인(聖人)은 시공(時空)을 초월하여 인류의 정신적인 지주로 추앙받는다. 그들의 마음이 공명하는 우주가 그만큼 크기 때문이다.

인간은 육체적으로는 레벨이 없지만 마음의 세계 즉 영적인 세계로 보면 33단계의 레벨이 있다고 한다. 1단계부터 33단계까지 있는데 그중 33단계가 가장 높은 레벨이다. 인간의 진정한 스승이 되기 위해서는 상대방의 레벨을 올려 줄 수 있는 높은 영혼과 의식의 소유자라야 한다. 인간이 영적으로 순화되어 발전할 수 있는 것은 마음의 세계가 우주 속으로 뻗어 나갈 수 있기 때문이다.

◉ 파동과 생명체의 습관

　마음에서 발생하는 것이 파동이다. 마음의 작용과 파동은 어떤 관계가 있을까? 그리고 파동이란 왜 생성되는 것일까? 필자는 파동을 기존의 물리학적 개념과는 다르게 새롭게 조명(照明)하고자 한다. 필자는 생명체의 학습 습관이 파동을 형성해 간다고 생각한다. 인간의 성장과정을 예로 들어 설명해 보겠다.

　아들은 아버지를 닮을까, 어머니를 닮을까? 이리저리 양극단을 오고 가면서 성장하는 것처럼 보이지만 실제는 자신의 길을 걷는다. 예를 들면 육식을 주식으로 하고 즐기는 사람이라도 때로는 물만 마셔 보고 싶은 충동을 느낀다. 육고기를 먹으면 원기가 높아지고 물을 먹으면 직관력이 높아진다.

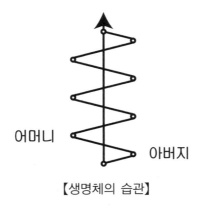

【생명체의 습관】

한쪽 경험만으로는 부족하기 때문에 다양한 시각과 경험을 통해 발전하려는 생명의 의지가 숨어 있다. 이렇게 우주에는 생명체의 의지가 지그재그로 움직이는 모양을 반복하게 된다.

양극단을 오가는 생명체의 습관이 바로 파동(波動)이다. 우주는 이러한 생명체의 파동으로 꽉 차 있는 것이다.

◉ 생명체의 습관이 나선형이 된다

모든 생명체는 위에서 설명한 아들의 성장에서 보듯, a의 위치에서는 그 반대편의 c를 학습해 보고자 하며 b의 위치가 되면 그 반대편인 d가 되고 싶어 한다. 모든 생명체가 이러한 마음의 움직임을 반복하는 가운데 생명의 형상은 나선형(spiral)이 된다.

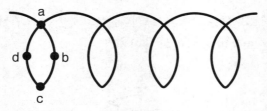

【생명체의 습관이 나선형이 되는 이유】

인간이 살아가는 데 진보와 보수, 선(善)과 악(惡) 등의 이분법적인 요소가 있는 것은 바로 생명의 유전자 속에 숨어 있는 생명형상이 나선형으로 성장하기 때문인 것이다. 인간의 DNA는 다음 그림과 같이 두 개의 사슬이 나선형으로 얽혀 있는데 이러한 구조는 생명의 습관이 만들어 낸 결과라고 볼 수 있다.

【DNA의 이중나선형 구조】

DNA는 화학적으로는 폴리디옥시뉴클레오티드(polydeoxy-nucleotide)로서, 인체 내에서 복잡한 생물학적 기능을 가진 유전물질이다.

◉ 우주와 자연 속에서 살아가는 인간

인간은 우주 속에서 태어나고 자연 속에서 살아간다. 움막 속에서 살던 원시시대에는 자연에 노출된 삶을 살았다. 빌딩숲에서 살아가는 현대의 인간은 인위적인 물질의 벽 때문에 자연과는 거리를 둔 삶을 살아가고 있다고 말할 수 있다. 시대의 흐름에 따라 인간이 느끼는 우주나 자연에 대한 인식은 다를 수 있다. 그러나 인간이 어떻게 생각하든 우주와 자연은 변함없이 그대로 유유히 존재한다. 예나 지금이나 우주와 자연은 인간의 삶에 변함없이 영향을 주고 있다.

◎ 우주와 자연의 개념

그러면 우주(宇宙, cosmos)와 자연(自然, nature)은 무엇일까? 사람마다 우주와 자연을 표현하는 방법은 다르겠지만 필자는 다음과 같이 생각한다. 우주는 인간과 '무한의 개념'을 연결하는 장소이다. 무한의 개념이란 위대한 존재, 대자연의 의지(意志)로 이해하면 될 것이다.

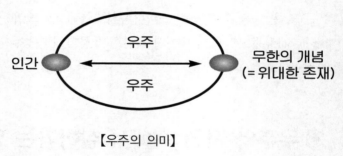

【우주의 의미】

우주와 자연도 처음부터 존재한 것은 아니다. 필자는 이들을 탄생시킨 위대한 존재가 있다고 믿는다. 그 존재를 무한의 개념 혹은 위대한 존재 등으로 명명한 것이다. 우리가 살고 있는 태양계가 소속된 우주만 생각하면 유한한 우주가 된다. 그러나 이 우주 너머에는 또 다른 새로운 우주가 존재하는 다층(多層)구조이며 그것은 계속 팽창하고 있다. 이렇듯 무한한 우주가 진정한 우주(眞宇宙)의 모습이다.

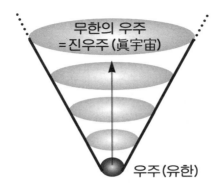

【진우주의 모습】

　자연이란 무엇인가? 자연이란 '무한의 개념의 의지'를 반영하고 있는 장(場, field)이다. 자연은 우주 속에 있다. 그래서 우주를 대자연(Great nature)이라고도 부른다. 자연은 인간이 살아가면서 위대한 힘을 가진 것으로 믿었던 것의 상징이라 할 수 있다. 물, 불, 바람, 우레, 산, 땅, 하늘 그리고 못(澤)이 곧 자연이다.

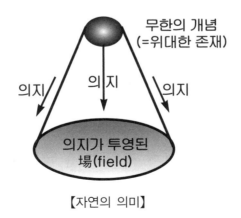

【자연의 의미】

물, 불, 바람, 우레, 산, 땅, 하늘 등에 무한의 개념의 의지가 투영되어 있는 것이다. 자연 속에 있는 8가지의 주요 요소가 갖는 작용과 에너지는 인간의 삶에 큰 영향을 주고 있다. 자연은 인간에게 삶의 터전과 생명의 기초를 제공하지만 어떠할 때는 생명을 위협하고 앗아가는 무서운 존재이기도 하다. 그러나 자연 속에는 인간을 비롯한 만물이 조화로운 삶을 살게 하는 우주의 섭리(攝理)가 숨어 있다. 인간은 자연을 이해하고 공생(共生)하는 길을 찾아야 할 것이다. 이것이 자연 속에 무한의 개념의 의지가 투영되어 있는 의미일 것이다.

◉ 인간이 곧 우주이다

인간이라는 개체(個體) 속에는 우주라는 전체가 포함되어 있다. 이런 관계를 홀론(holon)이라고 한다. 인간과 우주는 서로 홀론(holon)의 관계이다. 인간의 머리카락 1개 속에, 인간의 세포 한 개에 인간 전체가 들어 있는 것도 홀론의 관계이다.

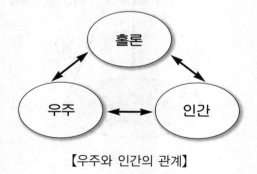

【우주와 인간의 관계】

인간을 소우주라고 한다. 인간은 소우주이면서 우주 그 자체이다. 인간은 우주의 한 세포에 불과한 미세한 존재지만 인간 속에는 우주를 탄생시킨 위대한 존재의 의지가 담겨 있다. 미약하게 보이는 한 인간의 내면에 우주의 위대한 힘이 잠재되어 있음을 새롭게 인식할 필요가 있다.

마음, 의식, 행동이 '인간' 이라는 개체에도 영향을 주지만 그것이 '우주' 라는 거대한 공간에도 직접 영향을 준다. 인간이 위대한 것도 바로 이러한 홀론의 관계에서 연유한다고 볼 수 있다.

◉ 우주에 가득 찬 파동성

우주는 무엇으로 되어 있을까? 양자역학적으로 보면 모든 물체는 입자와 파동의 이중성을 갖고 있다. 양자역학이 우주를 완벽하게 설명할 수는 없지만 우주 역시 입자와 파동이 공존하는 것이라는 것은 틀림없을 것이다.

◉ 우주는 파동이 기본이다

물질이 생성되기 위해서는 그 물질의 정보를 가진 파동이 작용해야 한다고 믿는다. 따라서 만물이 탄생되는 우주에서는 파동이 기본이다. 우주에는 수많은 별(星)들이 존재한다. 별들도 각자 고유의 파동을 발산하고 있다. 이렇게 우주는 파동으로 꽉 차 있는 것이다.

우주의 파동은 물, 불, 우레, 바람, 산, 땅, 하늘 등 자연의 힘
에 의해서 여러 가지로 그 성질을 달리한다. 우주에는 여러 가지
파동이 있는데 그중 가장 위대한 힘을 가진 우주의 핵심 파동이
존재한다. 우주의 핵심 파동은 우주를 탄생시킨 위대한 존재와 우
주의 법칙에 공명한다. 육각수 속에 함유된 파동은 바로 우주의
핵심 파동이다. 우주는 파동을 통해 인간을 비롯한 우주 속의 존
재에게 영향을 주고 있는 것이다.

우주에 충만한 파동 속에서 인체에 좋은 파동을 선택하는 방법
이 궁금할 것이다. 파동의 공명작용에 의해 파동은 선택된다. 우
주의 가장 좋은 파동(이 책에서는 '우주의 파동'이라고 기술하고
있다)에 공명하는 인간의 조건은 즐거운 마음이다. 자신은 물론
상대방까지 즐겁게 하는 인간의 마음이 우주 최고의 파동을 끌어
들인다.

우주를 창조한 위대한 존재를 인간이 볼 수는 없다. 그러나 위
대한 존재를 마음속으로 이미지 할 수 있다. 아주 옛날 원시인들
은 우주의 파동을 있는 그대로 인식하는 직관의 힘을 가지고 있었
다. 우주에 항상 존재하는 '아~, 아~' 하는 파동의 소리를 인지
하는 센서(sensor)가 인간을 비롯한 동식물에 있다.

지진, 해일 등을 미리 알고 대피하는 동물들은 우주의 파동을 인
지하는 센서가 잘 작동하는 것이다. 그런데 언제부터인가 인간의 센
서는 무디어져 우주의 파동을 인지하지 못하는 지경에 이르렀다.

이렇게 인간의 센서가 무디어져 작동하지 않게 된 것은 인간이
택한 것이지 우주가 그렇게 만든 것은 아니다. 인간이 우주의 법

칙을 어느 정도 이해하고 신뢰하게 되어 우주의 지혜를 배우고 싶을 때가 올 것이다. 그때 인간의 집단의식이 센서의 필요성을 절감한다면 센서는 다시 작동하리라 생각한다.

◉ 인간은 우주와 파동으로 연결되어 있다

앞에서 '파동이 나오는 곳이 인간의 마음이다. 인간의 마음은 인체를 넘어 우주의 공간까지 확대된다' 라는 설명을 했다. 인간의 마음에 우주의 파동이 깃들어 있다(홀론이므로). 인간은 우주와 파동을 통해 서로 연결되어 있다.

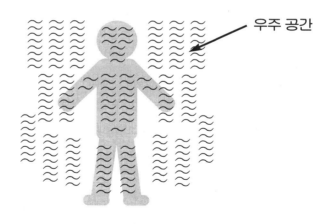

우주 공간

【인체는 파동으로 우주와 연결】

인간이 우주의 산물이므로 우주는 생명을 탄생시킨 부모님처럼 인간이 올바르게 성장, 발전하도록 파동으로 교육시키고 있다고 생각하면 될 것이다. 인간은 스스로 노력하고 공부하는 것으로 능력을 개발하여 발전한다. 보이지 않는 우주의 파동이 공명의 작용으로 인간의 마음에 연결되어 인간의 성장, 발전하는 전 과정에 걸쳐 영향을 준다.

우주가 내려 주는 파동 속에는 생명체가 올바르게 성장, 발전하는 데 필요한 정보가 들어 있다. 그 정보를 생명정보(life information)라고 부른다. 그러면 생명정보의 내용은 무엇일까? 그것은 인간을 건강, 능력, 경제, 아이디어, 운명, 아름다움, 풍요 등의 측면에서 발전, 성장시키는 온갖 정보이다.

◎ 우주의 파동은 창조 때문에 존재한다

인간의 마음이 우주의 일부분이므로 인간은 본인이 알든 모르든 계속적인 우주와의 교류가 파동을 통해 이루어지고 있다. 인간의 의식이 우주에서 정보를 받아 마음속에서 지혜로 성장하여 의식세계가 창조적인 의식으로 풍부하게 된다.

정보는 의식의 영양분이라고 이해하면 된다. 파동이라는 매체를 타고 우주의 정보가 인간의 마음과 서로 교류를 하면서 대화한다. 그리고 인간은 주어진 정보를 의식이 판단하여 신체기관에 맞는 신호를 보냄으로써 아래의 그림과 같이 육체를 제어하게 된다.

【우주의 파동이 인체에 전달되는 과정】

왜 우주의 본질에 파동성(波動性)이 존재하는가? 우주에 파동이 있어야 그 상호작용으로 창조현상이 일어나기 때문이다. 인간이 여러 가지 훈련을 통해 창조성을 발달시키는 것이 가능한 이유도 파동이 존재하기 때문이다. 큰 의미로 볼 때 파동은 창조 때문에 존재한다.

특별한 사람이 자기의 전문 분야에서 창조적인 일을 하는 것은 이러한 메커니즘에서 일어난다고 이해하면 된다. 예술가는 아이디어나 영감을 먼저 떠올리고 그림을 그린다. 발명가는 꿈을 통해 발명의 실마리를 얻는 경우가 있다. 위의 경우 그 어느 것이나 우주 속에 널려 있는 특수한 정보가 파동의 형태로 그 사람들의 마음에 작용하여 창조의 실마리가 주어지는 것이다.

사람들이 건강, 직관, 능력, 경제 면에서 발전, 성장하는 것은 넓은 의미의 파동이 갖는 창조현상이다.

◎ 우주의 파동에는 제3의 지성이 녹아 있다

우주의 파동에는 인간의 성장에 필요한 생명정보가 포함되어 있다. 인간이 살아가는 데 필요한 의식의 자양분이 되는 가치관이 우주의 파동 속에 담겨 있다고 생각한다. 필자는 이를 제3의 지성

(the third intelligence)이라고 부른다. 제3의 지성은 우주에서 파동이라는 매체를 통해 인간의 마음에 계속 영향을 준다. 한편 인간은 우주의 산물이므로 인간의 마음속 핵심에도 제3의 지성이 파동의 원천으로 자리잡고 있다.

그러면 제3의 지성이란 무엇인가?

인간은 세상을 A와 B의 2분법(二分法)적인 관점에서 극단적으로 나눈 채 서로를 공격하기만 하지 타협하지는 않는다. 대부분의 사람들이 자기 생각만 고집하고 집착하여 여러 가지 사상(思想)을 발전시켜 왔다고 볼 수 있다.

◉ 제3의 지성이 평화를 가져올 것이다

아직도 세계는 2분법으로 대립되어 있다. 그러나 문제를 해결하려면 양면을 다 이해하여야 한다. 제3의 지성이란 세상을 A와 B의 2분법으로 보지 않고 A와 B를 똑같이 바라보고 이해하려고 노력하는 균형된 가치관이나 지혜를 말한다.

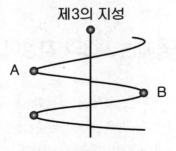

【2분법의 세계와 제3의 지성】

생명 내부(Higher Self)로부터의 혁명

이를 통해 그 양쪽을 객관적으로 관찰하고 각각의 관점을 서로 보완할 수 있으며 상황에 따라 어느 한쪽을 임의로 택할 수도, 버릴 수도 있다.

예를 들면 이 세상에는 자본주의와 공산주의, 진보와 보수, 가진 자와 가난한 자, 선(善)과 악(惡)의 세계 등으로 나뉘어 있지만 어느 한쪽에 구속되지 않고 두 세계를 포용하면 인간의 마음속에 제3의 지성이 나타나게 된다. 인간이 제3의 지성을 갖게 되면 세계는 대립과 투쟁에서 벗어나 공존과 평화 속에서 행복을 공유하게 될 것이다.

우주와 인간의 핵심에 똑같이 존재하는 제3의 지성을 예수는 '사랑'이라고 하고 부처는 '자비심'이라고 다르게 명명하였다. 인류의 과거와 미래에 펼쳐질 세계—그것이 기업, 철학, 예술의 어떤 분야든—에서 가장 위대한 사람들은 제3의 지성에 가장 충실했거나 충실할 인물임에 틀림없다고 생각한다. 제3의 지성에 공감하는 사람들이 많아지면 사회는 밝고 평화롭게 바뀔 것이다.

제 2 장

유전자 내의 파동과 생명활동

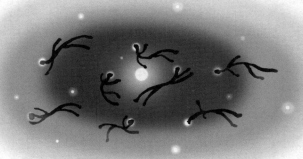

2. 유전자 내의 파동과 생명활동

인간의 생명활동에 파동이 어떻게 관여하고 있을까? 조상으로부터 물려받은 각종 유전정보는 인체 속에 파동으로 각인돼 있다. 살아가면서 질병, 재난, 실패를 경험하지 않는 사람은 거의 없다. 누구나 겪게 되는 다양한 삶의 과정은 마이너스 유전자의 지배를 받는다.

인간의 발전에 장애가 되는 것은 외부의 경쟁자가 아니고 자신 속에 숨어 있는 수많은 마이너스 유전자이다. 마이너스 유전자와 싸워 이기는 전쟁이야말로 지구상에서 가장 축복받는 성전이라 할 수 있다.

그러면 자신과의 싸움에서 이기는 방법은 무엇일까? 이렇게 유전자 내의 파동의 콘텐츠와 실체를 이해하는 길이 생명을 이해하고 자신을 발전시키는 길이기도 하다.

◉ 플러스 파동과 마이너스 파동

인간의 육체는 60조(兆) 개의 세포로 구성돼 있다. 세포를 움직이는 생명 에너지 측면에서는 플러스 파동과 마이너스 파동의 두 종류가 있다.

여기서 플러스와 마이너스의 구별은 양(陽)과 음(陰) 또는 전기의 플러스, 마이너스가 아니다. 플러스 파동은 생명력을 활성화시키는 파동이며, 마이너스 파동은 생명력을 저하시키는 파동을 말한다.

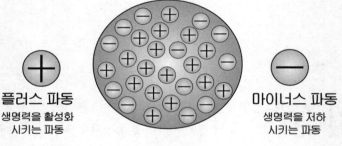

플러스 파동
생명력을 활성화
시키는 파동

마이너스 파동
생명력을 저하
시키는 파동

【인체 속의 두 가지 파동】

살아 움직이는 인간, 동물, 식물의 경우에는 플러스 파동이 마이너스 파동보다 약간 많다. 플러스 파동이 마이너스 파동에 비해 많으므로 생명이 살아 움직인다.

돌, 기계처럼 무생물의 경우에는 플러스 파동과 마이너스 파동이 똑같다. 인간이 죽으면 플러스 파동과 마이너스 파동의 개수는 같아진다. 즉 무생물과 같게 되는 것이다.

기계의 경우는 기계를 만든 사람이 갖는 좋고 나쁜 상념의 파동이 기계에 영향을 주어, 기계 내부에도 플러스 파동과 마이너스 파동이 존재하게 된다. 좋은 상념은 플러스 파동을, 나쁜 상념은 마이너스 파동을 만든다.

기계를 만든 소재 자체가 갖는 파동에도 플러스, 마이너스 파동의 두 가지가 있다. 기계의 파동은 기계를 만든 사람과 소재의 파동에 의해 결정된다.

따라서 모든 존재에는 플러스 파동만 혹은 마이너스 파동만 존재하는 경우는 없다. 두 종류의 파동이 함께 존재한다. 플러스 파동과 마이너스 파동은 플러스 에너지, 마이너스 에너지와 같은 뜻으로 사용해도 좋다.

한편 인간의 경우는 플러스 유전자, 마이너스 유전자로 사용해도 근본적으로는 같은 의미이다. 왜냐하면 인간의 유전자 내의 파동은 조상으로부터 물려받은 유전적인 요소로 형성되기 때문이다.

◎ 인체의 플러스 유전자와 마이너스 유전자

인체의 경우는 플러스 파동과 마이너스 파동 대신에 플러스 유전자와 마이너스 유전자라는 용어를 사용하겠다. 플러스와 마이너스 유전자로 표기할 때의 유전자는 유전자 정보를 의미한다.

반면에 플러스와 마이너스가 없이 사용한 유전자는 현대의 생명공학에서 말하는 유전자를 의미한다. 두 표현의 차이를 명확히 이해해 주기 바란다.

◉ DNA 속에 있는 유전자 파동 정보

그러면 인체의 어디에 플러스 유전자와 마이너스 유전자는 존재하는 것일까? 세포핵에 있는 유전자 속에 있다. 인간의 유전자 속에는 유전정보를 담고 있는 물질인 DNA가 있다. DNA 속에 생명력을 활성화시키기도 하고 저하시키기도 하는 정보가 파동의 형태로 들어 있는 것이다.

인체 속에 있는 두 유전자 정보의 수는 엄청나게 많으며, 사람에 따라 차이가 있다. 인간의 경우 플러스 유전자와 마이너스 유전자의 존재 비율은 3:2가량이다. 플러스 유전자에는 약 1,500억 개의 패턴(pattern)이 있으며, 마이너스 유전자는 약 1,000억 개가량이다.

여기서 패턴이라 함은 파동의 형태 즉 파형(派形)을 말한다. 인체 속에는 이렇게 많은 플러스와 마이너스 유전자가 공존하면서 생명활동에 영향을 주는 것이다. 파형은 대체 어떤 모습일까? 개념적으로 예시해 보면 다음과 같다.

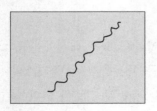
【플러스 유전자의 파형】

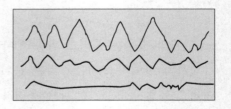
【마이너스 유전자의 파형】

인체 속에 있는 두 가지 유전자 정보의 분포상황을 그림으로

생명 내부(Higher Self)로부터의 혁명

나타내면 다음과 같다. 그림에 표시된 플러스와 마이너스 유전자의 개수는 상대적인 개념도이다.

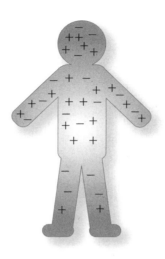

【두 개의 유전자 정보의 분포 개념도】

여기에서 플러스와 마이너스 유전자의 개수가 1,500억 개, 1,000억 개로 너무나 많다는 데 놀랄 것이다. 그러나 이 개수는 물질적인 입자의 숫자가 아니고 정보로서의 파동이 갖는 파형의 개수라는 사실을 한 번 더 이해하기 바란다.

사람이 죽으면 육체는 없어지지만 플러스와 마이너스 유전자는 자손으로 유전된다. 생명에너지(life energy) 속에 들어 있는 플러스와 마이너스 유전자는 사람에 따라 변화하더라도 생명에너지는 영원 불변한 것이다.

◈ 인체의 마이너스 유전자와 인간의 죄

인간의 플러스와 마이너스 유전자는 언제 어떻게 형성된 것일까? 인간의 생명이 처음 창조되었을 때는 생명력이 최고의 상태였다. 여기서 생명력이 최고라는 의미는 생명력이 순수하다는 뜻이다. 마이너스 유전자는 아예 없고 일정한 플러스 유전자만 존재했을 것이다.

성경의 창세기 편에는 하느님께서 인간을 창조할 때 하느님의 모습 그대로 만들었다고 기록되어 있다. 이런 창세기 기록에 근거하면 마이너스 유전자가 처음부터 인간의 마음속에 존재했을 리 없을 것이다.

◉ 죄가 마이너스 유전자를 만든다

그러나 인간은 살아가면서 정도(正道)에 어긋나는 일을 저지르게 된다. 정도에 어긋나는 것이 죄(罪)가 된다. 인간이 저지른 죄로 인해 마음속에 마이너스 유전자가 만들어진다.

마이너스 유전자를 형성하는 인간의 죄(罪)에 대해 좀더 생각해 보자. 인간이 살아가는 데 직간접적으로 영향을 미치는 요소에는 종교, 돈과 권력, 과학과 역사가 있다.

종교는 각자 마음속에서 귀하게 다루어야 할 것이며, 돈과 권력은 컨트롤을 잘해야 하고, 과학은 활용의 대상이며, 역사는 존경할 대상이다. 이 네 가지 요소를 제대로 인식하고 활용하면 인간은 성장, 발전하지만 과신(過信)하거나 욕심으로 잘못 활용하면 갖가지 피해가 생겨난다. 이것들이 바로 타인이나 사회에 부정적인 영향을 주는 '죄(罪)'이다.

인간이 죄를 짓게 되면 부메랑이 되어 자기에게 돌아와서 양심에 가책을 느끼게 한다. 이렇게 형성된 마음의 어두운 그림자가 생명력을 저하시킨다. 그래서 마이너스 유전자가 되는 것이다.

인간의 마음은 육체 내에도 있지만 그 본체는 육체 바깥의 우주 속에 있다. 인간이 만든 죄가 갖는 부정적인 요소가 마음속에 그대로 투영(投影)되어 기록으로 남는 것이 마이너스 유전자의 실제 모습이다.

우주는 이러한 인간의 마음의 상(像)을 그대로 기록하고 유지하는 슈퍼컴퓨터와 같다. 컴퓨터에 입력하면 그대로 출력된다. 이것이 소위 말하는 '뿌린 것만큼 거둔다'는 자연의 섭리인 것이다.

◉ 마이너스 유전자는 영혼을 오염시킨다

마이너스 유전자가 만드는 인간의 생명력의 변화를 다른 각도에서 설명해 보겠다. 원래 인간의 생명력은 우주의 순수한 에너지였으므로 맑은 광채 — 이것을 오라(aura)라고 함 — 가 사방 10,000m까지 뻗쳤다.

그러나 인간의 마음이 마이너스 유전자로 둘러싸여 마음의 생명력이 극도로 저하되어 지금은 겨우 2m 정도밖에 영향을 주지 못한다. 이를 그림으로 표시하면 다음과 같다.

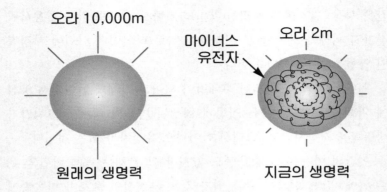

오라 10,000m

마이너스
유전자

오라 2m

원래의 생명력　　　　　지금의 생명력

【마이너스 유전자와 오라】

　마음에 마이너스 유전자가 만들어지면 영혼(靈魂)은 오염된다. 인간의 영성(靈性)이 높아진다는 것은 마음 내면에 있는 마이너스 유전자가 소멸되어 영혼이 맑고 깨끗해진다는 뜻이다.

　인간이 가진 맑은 영혼은 눈에 보이지는 않지만, 그가 발산하는 광채는 자기 자신은 물론 타인을 포함한 바깥 세계를 평화와 풍요로 바꾸어 준다. 이것이 인류가 이러한 생명의 깊숙한 곳에 자리잡은 마이너스 유전자의 실체를 마음을 열고 이해하고 줄여 나가야 하는 이유이기도 하다.

◉ 마이너스 유전자의 특성과 관점

　인체에는 약 1,500억 개의 파형(派形)을 가진 플러스 유전자와 약 1,000억 개의 파형을 지닌 마이너스 유전자가 있다고 앞서 애

생명 내부(Higher Self)로부터의 혁명

기했다. 플러스는 생명력을 활성화시키고 마이너스는 생명력을 저하시킨다. 수많은 플러스 유전자가 있음에도 불구하고 공존하는 마이너스 유전자의 강한 작용으로 좋은 역할을 억제당하고 있는 것이다.

◉ 마이너스 유전자의 높은 활동성

인체에서 생명력을 저하시키는 마이너스 유전자의 특성에 대해서 설명해 보겠다. 두 유전자 정보가 인체에서 어떻게 배치되어 있는지 개략적인 개념도를 그려 보면 다음과 같다.

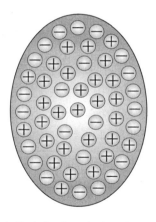

【두 가지 유전자 정보의 파동 분포 개념도】

마이너스 유전자가 인간의 영혼 전면에 나와 영혼을 둘러싸고 있다. 마이너스 유전자가 상대적으로 많이 전진 배치되어 활동을 강화하고 있고 플러스 유전자는 안으로 몰려 있는 형상이다. 이런 현상은 우리 사회 속에 악인(惡人)의 숫자가 비록 적더라도 그들이 더욱 날뛰고 있는 이치와 같다. 대개 착한 사람(善人)들은 조용히 그들의 뜻을 펼치고 있다. 그러나 마이너스 유전자와 사회 속의 선악의 개념과는 차이가 있다. 마이너스 유전자는 남의 일이 아니라 바로 자기 자신의 것이라는 데 있다.

마이너스 유전자는 선조로부터 물려받은 영적인 에너지이다. 자기 조상이 살아 생전에 해결하지 못하고 자손에게 물려준 것으로, 조상의 안타깝고 슬픈 그래서 어두운 잠재의식이 마이너스 유전자에 내포되어 있다.

어느 조상이건 자손에게 큰 부담이 되는 것을 물려주고 싶은 사람은 없을 것이다. 자손으로 유전된 마이너스 유전자는 기회만 되면 빨리 자손의 육체에서 빠져나오고 싶은 잠재적인 욕망을 갖고 있다. 마이너스 유전자가 높은 활동성으로 영혼의 전면에서 승화하고 싶은 강렬한 욕구가 그래서 생기는 것이다.

마이너스 유전자가 승화하면 본인에게는 질병이나 재난의 형태로 나타나지만 언젠가 보상을 받는 대상(代償)의 원리가 그 속에 숨어 있다. 지금 당장은 재난 등으로 손해가 생기지만 잘 견디어 내면 뭔가 대신해서 보상을 받을 수 있다는 의미이다. 마이너스 유전자가 줄어든 것은 좋은 일이 일어날 가능성을 높여 주기 때문이다. 이 점에 대해서는 뒷장에서 자세히 설명하겠다.

'나에게 왜 마이너스 유전자가 이렇게 많은가?' 하고 원망만 하지 말기 바란다. 즐겁게 극복할 만한 가치가 있는 것이 바로 자신 속의 마이너스 유전자인 것이다. 마이너스 유전자가 사라지면 조상의 영혼은 그만큼 즐거워진다. 육체는 유한하지만 생명 에너지는 영원히 지속되는 것이다.

　내 생애에서 승화시키지 못한 마이너스 유전자가 다시 나의 자손으로 이전된다는 자연의 섭리를 깊이 새겨 볼 필요가 있다.

◉ 인생은 마이너스 유전자를 줄여 가는 성전

　예를 하나 들어서 마이너스 유전자에 관한 이해를 돕고자 한다. 어떤 사람이 경마게임에서 돈을 잃었다고 하자. 이렇게 마음대로 일이 안될 때 사람들은 다양하게 생각한다.

- 경마라는 테마가 좋지 않았다.
- 운이 나빴다.
- 자기의 마음이 나빴다.

　그러나 사실은 그 사람의 마이너스 유전자 때문에 돈을 따지 못하고 잃은 것이다. 돈을 잃은 것은 자신 속의 마이너스 유전자가 사라지는 셈이다. 비록 돈을 잃었지만 마이너스 유전자가 사라진 것은 좋은 일이므로 언젠가는 본인이 발전하는 기틀이 마련된 것이다. 지금 당장 손해를 보았지만 언젠가는 보상 받을 수 있는 가능성이 잠재의식에 마련되었다는 뜻이다.

　여기서 중요한 것은 일이 생각대로 안되었을 때 나쁜 감정이 되지 않고 곧 반성하여 평상시의 마음으로 돌아갈 때 마이너스 유전자는 승화하는 것이다. 한 번의 좋지 않은 일로 한꺼번에 5,000~10,000개의 마이너스 유전자가 줄어들었으니, 그것 때문에 언젠가는 이익이 될 수 있는 마음의 구조변환이 이루어진 것이다. 이렇게 인생의 여러 단면에서 잠재의식 속의 마이너스 유전자는 계속 관여하고 있다.

살면서 병에도 걸리고 실패도 하는 등, 겪을 수 있는 수많은 변화는 그 사람이 갖고 있는 마이너스 유전자가 만들어 내는 것이다. 그런 의미에서 질병과 실패를 제대로 극복하는 사람들은 상대적으로 마이너스 유전자가 줄어들어 성공할 가능성이 높아진다. 실패가 억울한 나머지 오랫동안 슬픔에 빠져 있으면 또 다른 마이너스 유전자가 만들어진다. 이런 의미에서 질병, 실패가 아쉽기는 하지만 오히려 전화위복의 계기가 될 수 있으므로 즐겁게 받아들여야 하는 것이다.

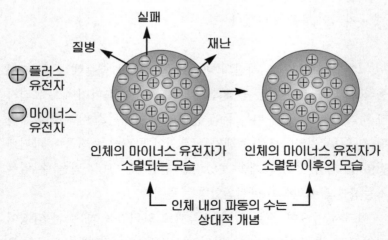

【인체의 마이너스 유전자가 소멸되는 모습】

이러한 필자의 생각에 공감하는 사람의 얘기를 첨언해 두고자 한다. 일본이 낳은 대표적인 성공기업가인 교세라그룹의 창업자인 이나모리 가즈오(稻盛和夫) 회장이 쓴 『카르마 경영』이라는 책에는 "재난은 '업'이 사라지는 것이니 기뻐하라"는 멘트가 그것이다. 여기서 '업(業)'이 곧 마이너스 유전자인 것이다.

◉ 마이너스 유전자를 줄여 가는 것이 인생

왜 인간의 내부에 존재하는 마이너스 유전자 때문에 질병, 실패 등의 불행한 일이 생기는 것일까? 우리가 살아가는 우주에는 동질결집(同質結集)의 법칙이 있어, 마이너스 유전자는 불행과 같은 동질의 나쁜 파동을 끌어들여 결집시키기 때문이다.

마음속에 존재하는 엄청난 마이너스 유전자가 불행과 실패를 끌어들일 수 있다는 생각을 하면 인생이 두려울 테지만, 너무 염려할 필요는 없다. 인생을 먼저 산 수많은 위인들의 삶이 그래도 커다란 희망을 준다.

어떤 심리학의 대가는 20년 이상 기업 현장에서 카운셀링을 하면서 뛰어난 인물에게는 공통점이 있음을 발견했다. 공통점은 오직 하나 '엄청난 실패를 딛고 일어섰다'는 것이었다.

우주는 인간이 극복할 만한 정도의 어려움만 주는 것이라 생각할 수 있다. 내 눈앞에 놓인 재난이 힘겹게 여겨질 때는 '나의 잠재능력을 더욱 발휘해야겠구나' 하고 자신감을 가질 필요가 있다.

인생을 고해(苦海)라고 하는 말은 인간의 마이너스 유전자가 주는 시련과 어려움의 꾸준한 도전을 상징하는 표현이다. 인생은 자신의 마이너스 유전자를 줄여 가는 과정으로 이해하면 된다.

인체 내에 무수하게 존재하는 마이너스 유전자가 줄어들면 다음과 같은 새로운 능력이 창조된다.

- 미래를 보는 투시력
- 장(場)의 에너지를 느껴 자기의 에너지로 하는 힘
- 인연의 사람과 만나는 염력(magnetic mind)
- 인간의 마음을 보는 눈
- 인간을 치유(healing)하는 힘
- 우주와의 일체감

이렇게 마이너스 유전자의 감소는 비약적인 인간의 발전을 가져온다.

인류에게 적이 있다면 그것은 외부에 있는 것이 아니고 자신 속의 마이너스 유전자일 것이다. 그러므로 자신과의 싸움에서 이겨 마이너스 유전자를 격퇴시켜야 된다. 인간은 마이너스 유전자와의 영원한 성전(聖戰)을 벌이고 있다고 해도 과언이 아니다.

◉ 마이너스 유전자를 극복하는 새로운 생활

인간의 발전, 성공과 행복을 막고 있는 것은 바로 자신 속에 숨겨진 마이너스 유전자이다. 그러면 이를 극복하는 새로운 생활방법은 무엇일까? 인간이 해야 할 일은 의외로 간단하다. 즐거운 마음으로 자기의 일에 열중하는 것이다.

자기가 하는 일이 무엇이든 — 비즈니스, 정치, 스포츠, 예술 등 — 자기의 이익만을 위한 일방적인 즐거움이 아닌, 그 일로 인하여 남들이 즐거워해야 한다. 자신을 즐겁게 하는 행동이 주위 사람들까지 즐겁게 하는 이타공락(利他共樂)의 가치관이 필요한 것이다.

◉ 우주의 파동이 마이너스 유전자를 줄여 준다

즐거운 마음은 우주의 파동을 쉽게 받아들인다. 우주의 파동에는 생명력을 활성화하는 플러스 파동이 담겨 있다. 우주의 플러스 파동을 수신함으로써 자신의 마음속에 있는 마이너스 유전자를 조금씩 줄여 가는 것이다.

어떤 사람들은 고행(苦行)이나 어려운 수행(修行)을 통해 마이너스 유전자를 줄이기도 한다. 그러나 어렵게 인내하는 것보다는 즐거운 마음으로 자기의 일을 하는 편이 훨씬 더 낫다고 본다. 즐거운 마음은 우주의 파동을 받는 인간의 조건이기 때문이다.

왜 우주의 파동이 필요한가? 이유는 너무나 간단하다. 인류가 해결해야 할 짐(load)이 너무 크기 때문이다. 세계의 일부 국가가 걱정 없이 잘산다고 하더라도 다른 일부 국가에서 빈곤, 테러, 질병 등이 계속된다면 지구 전체로는 문제가 있는 것이다. 지구 전체의 인구가 60억이 넘고 인류 전체의 마이너스 유전자의 총량은 너무나 크다. 인간 혼자만의 힘으로 현재의 큰 짐을 해결한다는 것은 어려운 일이다.

우주의 파동이 필요하다고 해서 꼭 우주를 의식할 필요는 없다. 우주는 파동의 공명으로 스스로 즐겁게 일하는 사람을 찾아가기 때문이다. 우주의 핵심 파동이 어떻게 인간을 위해 일하는지는 이 책에서 설명해 줄 것이다.

즐겁게 일하는 사람은 자신의 마이너스 유전자를 승화시켜 줄여 간다. 이때 마이너스 유전자가 감소하고 플러스 유전자가 활성화된다. 그러면 플러스 유전자가 갖는 생명력, 직감력, 창조성, 이미지능력 등이 증대되어 인간은 성장, 발전하게 된다. 결과적으로 즐겁게 일하는 사람은 더욱 창조적인 사람이 될 것이다. 그들은 창조적인 일의 성과물인 부(富)를 주변의 사람들과 공유함으로써 행복한 사회를 만들어 가는 것이다.

세계 최고의 부를 이룬 마이크로소프트의 빌게이츠 회장은 자선사업을 하고 있다. 이 세계에는 많은 사람들이 자기 이름으로 혹은 익명으로 가치 있는 일을 하고 있다. 이런 좋은 일을 하는 사람들은 주변 여러 계층의 사람들로부터 존경을 받는다. 이러한 삶이 현대에서 우주의 법칙에 부합되게 생활하는 길이다.

지금까지 인류가 문명이나 문화를 발전시켜, 고대나 중세보다 지금은 분명히 인류가 잘살게 되었다. 아직 아프리카 등지는 빈곤하지만, 우리 나라만 해도 크게 달라졌다. 이것은 인류가 마이너스 유전자를 점진적으로 줄여 발전해 온 결과라고 할 수 있다. 인류가 갖고 있는 마이너스 유전자를 획기적으로 줄이는 데 성공한다면 인류 앞에는 행복한 미래가 펼쳐질 것이다.

생명 내부(Higher Self)로부터의 혁명

21세기를 '창조의 시대, 우주의 시대 그리고 파동의 시대'라고 한다. 우주는 파동의 공명작용에 의해 인간을 돕고 있다. 눈에 보이지 않는 우주의 파동에 마음을 열고 그 실체를 받아들이면서 즐겁게 자신의 인생을 영위할 필요가 있다.

◉ 인간과 자연의 공생

인간은 지구상에서 문명을 시작한 원시시대부터 오늘의 최첨단 과학의 시대를 맞기까지 엄청난 속도로 발전해 왔다. 이런 속도로 인간이 세계를 바꾸어 가다 보면 언젠가는 생명까지도 창조해 낼 수 있는 가능성을 배제할 수 없다.

인간의 발전의욕에 제동을 거는 마음속의 마이너스 유전자를 줄여 가는 자연과의 공생에 관해 설명하고자 한다.

인간은 살아가면서 주변에 플러스 파동과 마이너스 파동을 얼마나 발산을 할까? 인간이 발산하는 파동 중 98%가 마이너스 파동이고 나머지 2% 정도가 플러스 파동이다. 다르게 표현하면 생명을 살리는 긍정적인 활동보다는 부정적인 활동을 더 많이 한다는 뜻이다.

인간에게는 식물, 땅 등 천연상태의 물질에 비해 마이너스 파동의 함량이 원천적으로 워낙 높다. 그리고 인간은 남의 성공을 칭찬하는 데 너무 인색하다. 남과 경쟁하여 이겨야만 살아남는다는 고정관념이 마음속에 존재하기 때문이다.

반면 식물은 현재의 자기 모습에 만족하는 느린 진화 과정을 택하고 있다. 식물은 꽃을 피우기도 하고 상시 푸르름으로 98%의 플러스 파동을 발산한다. 식물이 갖는 독성(毒性)으로 주변에 나쁜 영향을 주는 마이너스 파동은 2%에 불과하다.

필자가 주장하는 98%, 2%의 비유는 현재 시점에서의 인간과 천연물질이라는 생명체의 습관을 나타내 본 것이다.

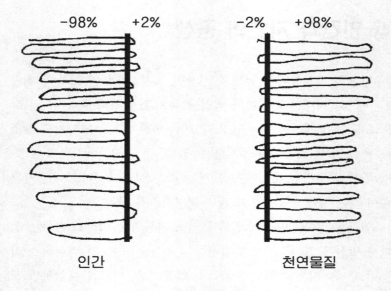

【인간과 천연물질의 공생】

인간은 인간으로서의 개성이 파동에 나타나고 천연물질은 천연물질로서의 개성이 파동에 나타난다.

최근에 들어 인간이 자연 친화적인 삶을 추구하면서 농촌을 활성화시키고 있다. 선진국에서나 우리 나라에서 자연 친화적인 생태마을이 생겨나고 있는 것은 좋은 예가 된다.

농촌은 사람 수가 적고 나무, 야채, 땅 등 자연의 파동이 좋은 곳이다. 그렇게 살다 보면 인간이 천연상태의 약초에서 에너지를 얻거나 희귀한 자연의 물과 돌을 만나 좋은 파동의 도움을 받게 된다. 즉 농촌에서는 인간의 98% 마이너스 파동과 천연물질의 98% 플러스 파동이 서로 조화를 이루어 공생(共生)하는 길을 모색하는 것이다.

◉ 자연과 공생하는 방법론과 가치관

인간이 자연과 공생하는 방법론과 가치관에 대해 생각해 보겠다.

자연은 인간에게 무서운 존재이다. 태풍, 지진, 폭우 등으로 생명을 앗아 가고 주거(住居)의 근거를 일시에 파괴해 버린다. 물, 공기와 같은 자연이 베푸는 혜택에도 불구하고 자연은 인간으로서는 감당하기 힘든 존재이면서 적대(敵對) 관계로까지 생각되기도 한다.

인간은 이러한 자연에 대해 자연을 파괴하는 공해(公害)를 계속해 오고 있다.

- 폭우를 동반한 태풍이 스쳐 가면서 큰 피해를 주었다.
- 눈사태로 농민과 도시인이 큰 피해를 입었다.
- 지진이 발생하여 인간과 건물을 무참히 쓸고 갔다.

위에 열거한 피해 상황을 볼 때 일방적으로 인간이 당하는 것처럼 보이기에 자연에 대한 허탈감과 적대감을 갖게 된다.

그런데 자연은 무엇인가? 자연은 우주와 인간을 탄생시킨 위대한 존재의 의지를 반영하고 있는 장(場, field)이다. 태풍, 폭우, 지진 등의 자연현상 역시 위대한 존재의 의지가 반영된 것이다. 자연재해의 외적인 피해만 보지 말고 자연현상 내부에 반드시 포함하고 있는 좋은 측면을 봐야 한다.

비와 눈에는 육각수 성분이 각각 10%, 20% 포함되어 있다. 육각수 속에는 우주의 좋은 파동이 포함되어 있어 바람, 공기를 통해 좋은 에너지가 자연스럽게 전달된다. 폭우, 태풍, 폭설이 지나가면 그곳의 보이지 않는 나쁜 에너지가 좋아져 생명력이 되살아나게 된다.

장마나 폭우는 땅속에 스며들어 나쁜 에너지를 가진 물을 교체한다. 결과적으로 땅속의 물이 좋은 에너지로 바뀌게 된다. 땅속의 물은 땅의 에너지(地氣)를 높여 준다. 땅속의 물과 흙이 좋아지면 땅속에 뿌리를 내리고 사는 식물의 성장이 좋아진다. 땅의 좋은 에너지는 인간에게도 똑같이 작용하여 생명력을 높여 준다.

지진은 지구 속의 에너지가 특정 지역에서 지각변동으로 나타난 현상이다. 지구에서 지진이 발생함으로써 지구 속의 에너지가 균형을 찾게 되어 지구가 겪을 더 큰 재난을 예방해 준다. 태풍, 지진 등의 발생 사태를 사전에 인지하거나 예상하여 피해대책을 최대한 강구하는 노력은 인간의 몫이고 그 결과는 하늘에 맡길 일이다.

자연과 자연현상의 실체를 깊이 있게 이해하는 것에서 인간의 새로운 가치관은 출발한다. 자연이 두렵지만은 않다는 것에 대해 새롭게 인식할 필요가 있다.

한편 사람들이 공기가 맑고 물이 깨끗한 농촌이나 산으로 옮겨 그곳에서 생활하는 것만으로 자연과 공생한다고 할 수는 없다. 그런 것은 오히려 인간이 이기적인 삶을 택한 것이라 할 수 있다.

인간이 사는 공간에 따라 파동은 크게 차이가 난다. 도시공간에 매연, 먼지, 소음만 있는 것은 아니다. 경쟁의 논리로 살아가는 인간의 마이너스 파동으로 인해 도시공간은 영적(靈的)으로 크게 오염되어 있다.

도시의 큰 빌딩이나 주거공간에 사는 사람들이 물, 공기, 돌 등의 자연의 개성을 살리는 좋은 아이디어를 많이 생각하여 실천해봄직하다. 자연과 공생함으로써 삶의 즐거움이 증대한다면 인간의 마이너스 유전자는 줄어들게 된다.

이렇게 인간이 자연과 사회의 통합적 공생방안을 연구하여 실천하면 삶은 더욱 건강하고 풍요로워질 것이다.

제3장

생명과 파동공명의 원리와
산업계에서의 응용

3. 생명과 파동공명의 원리와 산업계에서의 응용

현대 과학은 지금까지 인류의 삶을 편리하게 만들어 주었지만 환경파괴, 복잡성, 질병 등의 부작용도 동시에 안겨 주고 있다. 따라서 새로운 과학의 과제는 간단하게, 부작용 없이 환경정화, 산업계의 혁신, 질병예방 등을 이루어 내는 것이다.

기계나 장치의 파동을 조절하는 것만으로 산업의 생산성이나 양품률을 상승시킬 수 있다. 현대과학에서는 이러한 일은 상상할 수 없는 것이다. 눈에 보이지 않는 파동의 과학적 혁명이 산업계를 혁신할 수 있다는 새로운 가능성을 어떻게 평가할 것인가?

이 장에서 21세기 새로운 창조과학이 될 필자의 '생명과 파동공명의 원리'와 응용사례 및 전망을 살펴본다.

◉ 생명과 파동공명의 원리

필자는 대학에서 화학공학을 전공한 엔지니어로서 화학공장의 사원에서부터 최고경영자까지 30여 년간을 기업에서 보낸 바 있다. 이러한 현장경험을 기초로 창안한 이론이 '생명과 파동공명의 원리(life and wave resonance theory)'이다.

공장의 기계, 설비는 아무 사고 없이 잘 돌아갈 때도 있지만 그렇지 않을 때도 있다. '사고 직전의 기계를 우연히 그 기계의 책임기사가 현장을 순회하다가 발견했다. 기사는 이 사실을 발견한 즉시 기계를 응급 조치하여 살렸다.' 위와 같은 일은 현장에는 가끔 있을 수 있다.

그 기계는 고장나기 직전에 기사에 의해 발견된 것이다. 그것은 우연인가? 결코 우연이 아니고 그 기계는 '나를 살려 달라'는 'SOS'를 책임기사에게 보내고 그 신호에 끌려 책임기사가 기계 근처로 간 것이다.

필자는 오랜 현장경험을 통해 무생물인 기계장치도 그 기계를 다루는 사람과 눈에 보이지 않는 에너지를 통해 서로 감정을 교환하고 있다는 것을 느껴 왔다. 무생물인 기계가 그들 나름대로 마음이 있고 생명의 의지가 있는 또 다른 생명체라는 느낌이 들었다.

이러한 직감적인 착안은 직장에 있을 때 필자의 뇌리를 떠나지 않았다. 1994년 직장을 그만두고 이 가설을 증명할 본격적인 연구에 들어갔다. 공장실험 등을 통해 이론으로 정립하고 1995년 7월 7일에 최초로 발표한 이론이 바로「생명과 파동공명의 원리」이다.

생명 내부(Higher Self)로부터의 혁명

이 이론은 1995년 8월과 12월에 일본과 미국에서도 각각 발표한 바 있다. 한국에서는 상공회의소 사무실에서 기자회견을 통해, 일본에서는 산업관련 기자들을 초청하여 설명회를 열었다. 미국에서는 캘리포니아 샌디에이고 시에서 개최한 세계 직관협의회 (GIN; the global intuition network) 연차 총회에서 발표한 바 있다.

생명과 파동공명의 원리와 산업계에서의 응용

본 이론은 사람과 동식물만이 아니라 기계장치나 돌 등 세상에 존재하는 모든 것을 생명체로 보고 그들 나름의 생명과 의식이 있다는 가설에서 출발한다.

생명과 파동공명의 원리

- 생물은 말할 것도 없고 기계나 돌을 포함한 모든 존재에는 생명과 의식이 있다.
- 모든 존재는 생명이 있다는 표시로 고유의 파동을 발산한다.
- 산업체의 기기나 설비의 파동을 제3의 파동 시스템에 의해 공명시키면 생산성, 품질 등을 향상시킬 수 있다.

◉ 파동 시스템에 의한 공장실험과 양품률 증대

생명과 파동공명의 원리라고 이름지어진 가설을 증명하기 위한 실험이 아래와 같이 이루어졌다.

- 산업체 : LG실트론 구미공장
- 실험일시 : 1995년 6월 14일~7월 5일(3주간)
- 공정명 : 8인치 실리콘 웨이퍼 단결정 성장기
  (8inch wafer single crystal grower)
- 파동 시스템 : 필자가 개발한 '파동의 돌'을 특수 가공하여 만든, 한 면이 3.6cm인 육면체의 파동정화장치

【공장 실험에 사용된 파동 시스템】

　아래의 그림은 공장에서 양품률에 가장 중요한 역할을 하는 결정성장기계의 개념도이다. 이 장치 중 6基를 선정하여 한 기당 6개의 파동 시스템을 설치하고 나머지 6基에는 설치하지 않았다. 3주 동안 실험하면서 양품률의 변화를 확인하였다.

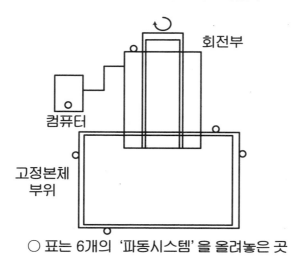

○ 표는 6개의 '파동시스템'을 올려놓은 곳

【결정성장기계의 개념도】

- 실험 결과 양품률 비교
  (A의 평균 양품률 / B의 평균 양품률)×100 = 135%

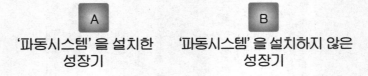

A	B
'파동시스템'을 설치한 성장기	'파동시스템'을 설치하지 않은 성장기

즉 파동의 시스템을 설치한 A의 양품률이 설치하지 않은 장치 B보다 35% 향상되었다.

◉ 파동 시스템과 기계설비와의 상호작용

그러면 무엇 때문에 양품률이 상승한 것일까? 발명품의 주요 성분인 '파동의 돌'이 공명작용에 의해 우주의 파동을 수신하여 접촉하고 있는 기기시스템에 우주의 파동을 전달한다. 이를 그림으로 나타내면 다음과 같다.

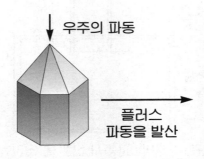

【파동 시스템과 우주의 파동】

기계설비 내에는 기계의 생명력을 저하시키는 마이너스 파동이 존재한다. 마이너스 파동은 기계, 설비의 제작, 운송, 설치시 작업자들의 마이너스 상념이 만든 것이다. 기계, 설비의 자재 속에도 마이너스 파동이 있다. 이렇게 기계 속에 있는 마이너스 파동은 기계의 성능을 저하시키는 원인이 된다.

　　발명품인 파동 시스템에 공명하는 우주의 파동은 기계의 마이너스 파동을 정화하여 감소시킨다. 기계의 마이너스 파동이 감소하면 기계의 성능은 상승하므로 양품률이 증가된다. 이를 그림으로 나타내면 다음과 같다.

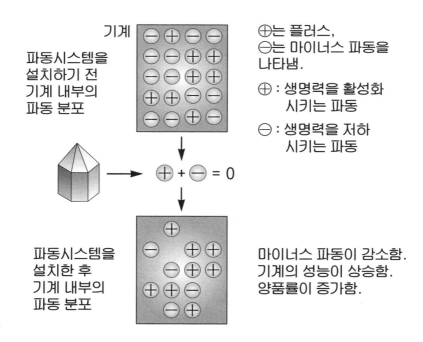

【파동 시스템에 의한 기계의 성능향상의 원리】

◉ 실험 결과의 평가

이러한 실험은 세계 어느 공장에서도 행해진 일이 없었으며, 담당 기술자들에게 파동은 아주 생소한 개념이었다. 실험 결과 양품률이 35% 상승한 것은 예상치보다 높았다. 필자는 실험을 기획할 때 최대 상승폭을 20% 정도로 예상했다. 실험 기간은 3주간으로 적절한 기간이었다. 12基의 결정성장기 중 6基에 파동 시스템을 설치하고 나머지 6基에 설치하지 않은 채 양품률을 비교했으므로 실험 방법과 과정, 결과는 과학적이라고 할 수 있다.

실험 결과가 35% 상승으로 나오자 담당 기술자들은 결과를 충격적으로 받아들였다. 일반적으로 산업체에서 양품률을 향상시키려면 시설투자, 공정의 최적화, 숙련도 등의 엄청난 개선 노력이 따르기 마련이다.

◉ 우주의 파동이 양품률을 증대

다년간 익힌 기술과 아이디어를 총동원하여도 한번에 양품률을 5% 이상 개선한다는 것은 현실적으로 기대하기 힘들다. 이번 실험으로 기계의 작용에 무리를 주거나 부작용을 준 것도 아니다. 파동 시스템을 만드는 데 소요된 투자비는 미미한 정도였다. 기계에 변화를 준 것은 기계의 주요한 부위에 파동 시스템을 올려놓은 것뿐이었다. 파동 시스템이 공명시킨 우주의 파동이 양품률을 증대시킨 것이다.

'파동의 돌'이 무엇이길래 그렇게 엄청난 35%의 상승률을 가져올 수 있단 말인가? 양품률 증대는 제품의 원가 경쟁력이므로 회사의 이익에 직결되는 것이다. 실험한 공장은 동종업계에서는 국내 최고의 기술 수준을 자랑하는 곳이었다. 기술자들을 납득시키기에는 파동의 설명만으로는 부족할 수밖에 없었기 때문에 실험을 한 것이다. 그러나 3주간의 실험 결과를 가지고 공장 기술자들에게 파동의 작용에 대한 인식을 심어 주기에는 부족하다고 생각한다.

　어떻게 '파동의 돌'이 우주의 파동과 공명할 수 있을까?

　'파동의 돌'에 작용한 힘이 우주의 파동인 것은 어떻게 확인할 수 있을까? 그러면 다른 일반적인 돌과 무엇이 다른가? '파동의 돌'은 지구상에 어느 정도 존재하는가? '파동의 돌'이 갖는 우주의 파동작용은 일시적인가 아니면 영원한가? 우주의 파동은 양품률을 개선시킬 정도의 힘이 있는 것인가? 등등 질문은 꼬리에 꼬리를 물 수밖에 없었다. 필자는 이 책을 통해 위에 열거한 의구심과 호기심에 관해 답변하자 한다.

◉ 무생물에도 생명과 의식이 있다

　앞서 설명한 공장실험에서 주요기기인 결정성장기와 파동 시스템에 사용된 돌은 무생물이다. 생명과 파동공명의 원리에서는 무생물이지만 나름대로 생명과 의식이 있다는 가설에서 출발했다.

◎ 인간을 센서로 한 실험

이 가설은 다음과 같이 인간을 센서(sensor)로 한 실험으로 증명될 수 있다.

인간이 한 손에 '돌'과 '플라스틱'을 쥐고 각각 번갈아 가면서 육체의 변화 즉 뇌파, 맥박 수와 파형, 피부의 전기저항과 근육의 긴장 등을 측정하면 그 값이 서로 다르다는 것을 알 수 있다. 그것은 돌과 플라스틱이 발산하는 파동이 서로 차이가 나기 때문이다. 외견상으로 볼 때는 돌이나 플라스틱은 무생물로 똑같아 보이지만 그들의 원자 및 소립자 레벨에서 발산하는 에너지의 강도는 차이가 있다. 아래의 그림은 국내의 Y병원에서 뇌파와 맥박의 파형을 측정한 것이다. 손에 돌을 잡으면 돌의 파동이 피부를 통해 뇌와 심장에 전달되어 미세하지만 영향을 준다.

<뇌파>   <뇌파>

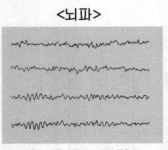 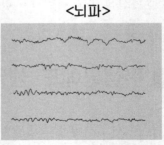

왼손에 돌을 든 경우 왼손에 플라스틱을 든 경우

생명 내부(Higher Self)로부터의 혁명

<**맥박 수**>

왼손에 돌을 든 경우

왼손에 플라스틱을 든 경우

【뇌파 및 맥박 수 측정 결과】

무생물에도 생명과 의식이 있다는 가설은 인간을 센서로 한 실험으로 어느 정도 이해가 됐으리라 생각한다. 필자는 위의 측정 결과와 같이 단 한 차례의 실험 결과만 보고했으나 유사한 실험을 여러 번 반복한 바 있다. 필자는 이 가설이 인간을 센서로 한 실험으로, 과학적으로 증명된 것이라 생각한다.

돌, 물, 땅 등에도 생명과 의식이 있다는 이론은 자연에 대한 우리의 생각을 크게 변화시킬 것이다. 자연계의 모든 존재에 인간처럼 생명과 의식이 있다는 사실을 인식하는 것은 자연보호운동의 기본 철학이 된다.

영국의 제임스 러브록(James Lovelock)이라는 생물물리학자가 1970년에 가이아(Gaia) 이론을 발표한 바 있다. 지구는 그 자체가 하나의 거대한 생명체로서, 그 위에 살고 있는 생물들이 최적의 생활조건을 유지하도록 항상 자가조절하며 스스로 변화한다고 주장한다. 지구를 생명체로 보는 그의 이론과 무생물에도 생명과 의식이 있다는 필자의 주장에는 공통점이 있다.

◉ 의식이 물질과 현상에 영향을 준다

본 실험은 3주간의 좋은 성과에도 불구하고 약 2개월 후 양품률이 다시 원래대로 복귀되고 말았다. 그 이유는 주위 사람들의 마이너스 파동의 영향 때문이다. 그 이후 파동 시스템은 그 공장에서 철수되었다.

사원들의 파동이 필자가 설치한 파동 시스템에 좋은 영향을 미치기도 하고 나쁜 영향을 미치기도 한다. 사원들이 진정으로 파동의 원리를 이해하고 개인의 사적인 이해(egoistic mind)를 초월하여 회사 전체의 수익률 향상을 위해 긍정적이면 양품률은 그대로 유지되었을 것이다. 파동 시스템의 성공 여부는 파동공명의 지속성에 달려 있다.

◉ 미국 프린스턴 대학 로버트 잔 교수의 실험

과연 사원들의 의식이 파동 시스템에 그러한 영향을 줄 수 있을까? 물론 본 실험에서 나타난 대로, 영향을 준다. 필자의 견해를 뒷받침할 만한 연구 보고서를 요약하여 소개하고자 한다.

미국의 프린스턴 대학에서 양자역학을 연구하던 로버트 잔(Robert G.Jahn) 교수는 인간과 기계 사이에 생기는 변측적 현상을 연구하는 프로젝트를 수행하였다.

연구의 목적은 인간의 의식(意識)과 여러 가지 물리적 장치나 시스템의 상호작용을 규명하는 것이었다. 연구는 1979년에 시작하여 8년간 계속되었다. 『實在の境界領域』(日本; 技術出版, 원저-

Margins of Reality; The role of Consciousness in the Physical world by Robert G.Jahn and Brends J. Dunne)에서 다음과 같이 총괄적 소견을 피력하고 있다.

- 물리적 실체를 확정하는 데 의식의 역할은 분명하다.
- 인간의 의식이 관계하는 현상은 영향을 준다. 이 현상은 변측적이지 않고 오히려 정상적이다.
- 인간의 의식이 물질과 현상에 영향을 미치지 않는다는 현행 과학의 입장을 재검토할 충분한 근거가 된다.
- 장기적으로 보면, 기술적으로 마이크로 일렉트로닉스 시스템의 특성, 기능을 인간의 의식에 동조(同調)시킴으로써 효율을 높여 응용 범위를 확대할 필요가 있을 것이다.
- 인간과 기계의 상보성(相補性)의 개념과 연구를 추진할 가치가 있다.

잔 교수의 연구 결과를 현재의 과학에서는 인정하지 않고 있다. 그러나 과학계의 인정과 주목에 관계없이, 물질과 현상의 실질적 존재(reality) 모습은 끊임없이 인간의 의식에 의해 변화하고 있다는 것이 잔 교수가 행한 실험의 결론이었다. 파동의 개념에 마음을 열고 이해하게 되면 인간이 주변의 물질과 현상에 끊임없이 변화를 주고 있음을 자연스럽게 인정할 것이다.

◉ 파동의 공명

필자가 창안한 생명과 파동공명의 원리에서의 '파동공명' 현상은 일상생활과 산업사회에서 더욱 확대되고 있다. 기존의 물리학에서 소개된 개념에서의 파동공명 현상을 현대물리학의 관점에서 설명해 보고자 한다.

공명현상은 학교에서 배운 소리굽쇠 실험으로 쉽게 이해할 수 있다. U자 모양의 소리굽쇠를 나란히 배열하고 맨 앞의 것을 때렸을 때 첫소리는 '땡' 하고 나지만 곧이어 '옹 ― 옹―' 하며 여러 개의 소리가 겹쳐 나오는 것을 확인할 수 있다.

이것은 한 개의 소리굽쇠만을 때렸지만 그 음파가 연속적으로 다음의 소리굽쇠에 전달되어 각각의 소리굽쇠의 날개를 조금씩 밀기 때문이다. 물론 음파가 눈에 보이지는 않지만 고유진동수가 같은 소리굽쇠가 울리는 것으로 존재를 확인할 수 있고, 소리굽쇠 하나뿐일 때보다 그 진폭이 증가한다. 그러나 만일 소리굽쇠의 진동수가 일치하지 않으면 울림도 일어나지 않는다. 이처럼 고유진동수가 같은 두 물체간에 파동이 나아갈 때 함께 진동하는 것을 "공명"이라고 한다.

공명은 하나의 파동에 또 하나의 닮은 파동이 겹쳐질 때 그 힘이 배가되는 현상(에너지가 증대되는 현상)이다. 그러나 여기서 인지할 수 있는 또 하나의 중요한 점은 파동은 에너지라는 것이다. 하나의 소리굽쇠를 때렸을 때 그 옆의 소리굽쇠도 울리는 것은, 첫 번째 소리굽쇠의 파동이 전달되어 그 옆의 소리굽쇠를 쳤기 때문이다. 즉 파동에는 힘이 전달되고 있다는 것이다. 이렇게 보면 공명은 파동의 증폭이며 또한 에너지의 증폭이라고 볼 수 있다.

몇 가지 파동공명의 예를 들어 이해를 돕고자 한다. 똑같이 조율한 두 개의 바이올린을 두고, 그중 한 개의 G선을 켜면 다른 한

생명 내부(Higher Self)로부터의 혁명

개의 G선이 함께 소리를 낸다. 이것은 처음 켠 바이올린의 G선의 파동이 공기를 움직여 옆에 있는 바이올린의 G선에 공명하여 같이 울린 것이다.

소프라노 가수가 아주 높은 목소리로 일관되게 소리를 내면 옆에 있는 와인 유리잔의 진동수와 맞아떨어져 공명하면서 유리잔이 깨진다.

1948년 11월 7일 미국 워싱턴 주 타코마 협곡을 연결하는 현수교가 시속 40km의 바람에 무너져 내린 일이 발생했다. 다리가 무너져 내린 이유를 알아내기 위해 다리의 설계와 시공의 결함을 조사했으나 타당한 이유를 찾지 못했다. 결국 과학자와 건축가들은 현수교의 고유 진동수와 바람의 진동수가 맞아떨어져 생긴 공진(共振)이라는 결론을 내렸다. 여기서 공진이나 공명은 같은 의미로 해석하면 된다.

◎ 생활 속에 활용되는 파동공명

많은 사람들이 사용하는 휴대전화나 무선호출기도 바로 파동의 공명작용을 응용한 것이다. 특정 번호를 다이얼한다는 것은 특정 파동을 발신함으로써 그것과 같은 주파수대역의 수신기에만 그 주파수가 공명하여 잡히게 하는 것이다.

그리고 병원에서 검진 목적으로 활용되는 자기공명장치인 MRI(magnetic resonance image)도 파동의 공명작용을 응용한 것이다. 또한 전자산업, 정보화산업, 군수산업과 우주탐사기술에도 파동의 공명원리가 폭넓게 응용되고 있으며 그 활용 범위는 점점 넓어질 것으로 기대된다.

◉ 파동이 공명하면 정보가 이동한다

필자는 파동공명을 이제까지와는 다른 생명의 개념에서 새롭게 설명하고자 한다. 두 물체간에 공명이 일어나면 높은 에너지를 가진 물체의 정보가 다른 물체의 접촉 면을 통해 전달 흡수된다. 파동의 공명은 정보의 이동을 수반한다.

【파동의 공명과 정보의 이동】

◉ 이동된 정보의 흡수 상태가 공명의 효율

파동공명이 일어날 때 이동된 정보가 흡수되어 오래 지속되면, 파동공명이 높게 일어난 경우이다. 예를 들어 설명해 보겠다. 파동육각수를 마신 사람이 물과 공명했다는 의미는 파동육각수에 포함된 각종 생명정보 — 생명력을 릴랙스시키거나 활성화시키는 — 가 마신 사람의 마음속에 그대로 전달되었다는 뜻이다. 그때 공명의 조건은 마시는 사람의 마음이 물에 대한 감사와 즐거움을 갖는 것이다. 즐거운 마음은 우주의 파동정보를 쉽게 받아들이고 인체에 흡수된 상태를 오랫동안 유지시켜 준다. 즐거운 마음은 공명이 아주 높게 일어나도록 한다.

어떤 책을 읽고 크게 공감했다는 것은 독자의 마음에 저자의 정보가 그대로 옮겨져 독자의 마음속에 오랫동안 머문다는 의미이다. 이렇게 공명은 정보가 옮겨져 흡수된다는 점이 핵심이다.

◉ 파동공명이 가져오는 인생의 단면

인간의 삶 전체가 파동공명에 의하여 영향을 받고 발전하는 것이다. 좋은 사람을 만나 결혼하여 평생을 같이하는 것은 두 사람의 의식 속에 포함된 어떤 동질의 파동 — 그것을 인연이라고 할 수 있다— 에 이끌려 공명한 결과이다.

사업의 동업자를 만나는 것도 공명의 한 예이다. 어떤 사람은 결혼 후 이혼을 할 수도 있고, 동업자가 창업 때의 뜻을 저버리고 배반하는 경우도 있다. 이것은 공명이 깨진 경우이다.

사람들은 누구나 마음이 바뀌지만, 공명의 범위에 있으면 그 관계가 지속되고 공명의 범위에서 벗어나면 그 관계가 파국으로 치닫는 것이다.

운명(運命)이라는 것도 파동공명의 결과이다. 운명은 생명(命)의 의식이 움직인다(運)는 의미를 갖고 있다. 사람의 운명은 의식에 따라 바뀐다는 것이다. 생명의 의식의 파동에 따라 좋고 나쁜 결과가 공명에 의해 나타나는 것이 사람의 운명인 것이다. 인간의 운명이 이미 결정되어진 것처럼 보이는 것은 운명에 따라 그 사람의 잠재의식이 계속 영향을 주기 때문이다.

아래와 같을 때 자신은 공(空)이 되어 주변의 우주와 작용한다.

- 사람을 만나고 싶다고 할 때 : 자신=그 사람이 됨.
- 가방을 잃어버려서 찾을 때 : 자신=가방이 됨.

주변의 우주와 공명하여 사람과 가방을 찾거나, 그 일을 포기하면 자신은 공(空)에서 다시 자신으로 돌아오게 된다.

한편 자신을 자각하고 온전히 자신으로 살아가는 길 그리고 자신을 비우고 우주에 맡긴 채 살아가는 길, 이 둘이 균형을 이루어야만 행복한 삶을 살아갈 수 있다.

◉ 사회현상과 파동공명

2001년 9월 11일 미국 뉴욕의 쌍둥이빌딩인 무역센터를 강타한 테러사건도 파동공명이 초래한 참사였다. 미국은 초강대국으로서 세계 질서와 평화를 위해 애쓰고 있으며 인류 발전에도 이바지하고 있다. 반면 어떤 특정 국가와 민족에게는 반감을 축적시켜온 것도 사실이다.

생명 내부(Higher Self)로부터의 혁명

국가가 행하는 행동의 습관이 그 국가의 파동을 형성한다. 국가의 파동이 마이너스 에너지를 확대해 가면 주변에 있는 마이너스 에너지가 반응하면서 결국 파국으로 연결될 수 있다. 2001년 9월 11일 테러는 마이너스 파동의 공명이 불러일으킨 자연현상인 것이다.

미국의 기상학자인 로렌츠가 1961년 기상관측과 관련하여 생각해 낸 과학이론으로 '나비효과(butterfly effect)'라는 것이 있다. 이것은 '북경에 있는 나비가 작은 날갯짓을 하면 미국 플로리다에 엄청난 허리케인이 덮친다'는 이론이다.

나비효과는 현대과학 이론으로는 설명이 되지 않지만, 인간의 마음에서 발산되는 파동이 빛보다 빠르게 확산되어 그 파장이 커지는 파동공명의 현상으로는 설명될 수 있다. 나비효과는 파동공명이 불러일으킨 현상에 지나지 않는다.

실제 2002년 월드컵 당시 서울에서 붉은악마 200여 명의 날갯짓이 촉발하여 축구 승리의 상승무드를 타고 전국적으로 일시에 600만의 인파를 거리로 나오게 한 놀라운 현상이 있었다. 2007년 3월 초에 있었던 중국발 증권시장의 악재는 세계의 증시를 휘청거리게 만들었다. 이런 현상들은 똑같이 파동의 공명이 사회적으로 영향을 준 사건들이다. 파동공명은 사회 일부의 현상을 넘어 국가나 인류 전체에 영향을 주고 있는 것이다.

인간이 지구에서 문명을 일으킨 이래 수많은 국가와 왕조가 일어났다 융성하고 사라졌다. 이러한 흥망성쇠의 역사도 큰 의미로 보면 파동공명의 결과다. 흥망성쇠가 인위적인 결과물로 보이지만 그 근본은 눈에 보이지 않는 파동의 법칙이 외부로 드러나는 것일 뿐 실제는 자연의 현상인 것이다.

인간, 사회 그리고 국가의 발전과 쇠퇴를 결정짓는 잣대는 우주 속에 존재하는 제3의 지성이다.

인류가 지구에서 살아남기 위해 경쟁과 투쟁으로 일관한다면 그 결과는 너무나 참담할 것이다. 그러나 인류의 의식이 제3의 지성에 언제나 공명한다면 지구는 자연 발생적으로 평화와 사랑이 충만한 유토피아가 될 것이다. 이것이 파동공명의 세계가 추구하는 비전이다.

◎ 생명과 파동공명의 원리의 시사점과 미래

기계나 장치 등의 무생물에도 그들 나름대로의 생명이 있고, 그들의 파동을 조절하면 생산성이 오른다. 필자는 이에 대한 확신을 갖고 생명과 파동공명의 원리를 응용하여 특수한 파동육각수를 개발하였다. 인체가 파동으로 형성되어 있으므로 물속에 좋은 파동을 넣으면 파동공명으로 인해 인체가 건강해질 수 있다는 가능성에서 착안한 것이다.

LG실크론 공장의 경우처럼 파동공명의 활용을 포기하면 양품률이 원상복귀하게 된다. 이 현상은 파동 시스템을 바라보는 사원들의 의식과 관련된다. 의식이 긍정적으로 바뀌면 양품률은 높아진 상태로 유지될 수 있다.

생명 내부(Higher Self)로부터의 혁명

◎ 경쟁력을 변혁시킬 산업계의 꿈

　파동 시스템의 설치만으로 양품률과 생산성이 증가한 것은 한 계상황에 직면한 산업계로서는 마지막 희망이 될 수 있다. 어떤 산업체가 100%에 가까운 높은 양품률이나 생산성을 유지한다고 하더라도 파동 시스템의 활용은 분명히 의미가 있다. 생산성이 아 주 높은 공장은 사원들의 의식이 높은 경우이다. 여기에 파동 시 스템을 설치하면 사원들의 높은 의식과 공명하여 화합과 즐거움 이 넘치는 직장이 될 것이다.

　이렇게 생명과 파동공명의 원리의 응용은 세계 최고의 생산 성을 유지하는 곳에서 더욱 빛날 수 있다. 산업계에 응용되는 파동이론이 지금 당장은 쉽게 이해되지 않겠지만 산업현장에서 다수의 입증사례가 확인되면 반드시 새로운 과학으로 평가될 것이다.

　생산성과 양품률의 향상은 회사와 국가의 경쟁력에 직결된다. 특수한 파동 시스템에 의해 산업의 경쟁력이 향상된다면 마음을 열어 적극적으로 활용해 볼 가치가 있다. 눈에 보이지 않는 파동 의 힘이 눈에 보이는 성과로 나타나면 기존의 패러다임은 변혁을 맞게 될 것이다. 그리고 이러한 창조적 혁신이 축적되면 산업계의 밝은 미래가 열릴 것이다.

제4장

힐링의 세계

마음과 육체의 관계

파동요법이 가져오는 힐링

질병을 예방하고 행복을 선사하는 힐링

힐링을 가져다주는 파동원

힐링의 관점에서 본 건강의 주요 테마

4.힐링의 세계

힐 링의 세계는 파동의 세계와 동전의 양면 같은 관계이다. 파동의 작용이 힐링으로 나타나기 때문이다. 좋은 파동의 공명으로 생명력이 활성화된 상태가 힐링이다.

인간을 힐링시키는 파동원은 파동육각수를 비롯한 여러 가지가 있다. 파동은 파워가 높은 곳에서 낮은 곳으로 흐른다. 우주의 파동은 절대 파동으로서 파워가 가장 강한 파동이다. 우주의 파동으로 인체가 생명력을 회복하는 힐링이야말로 가장 강력한 힘을 갖는 것이다.

힐링의 궁극적 목표는 인간을 질병 없이 오래 살고 행복을 누리게 하는 데 있다. 필자는 힐링을 과학적이고 실용적인 관점에서 설명하고 생활과 비즈니스에 응용할 수 있도록 할 것이다. 이 장에서는 인체에 초점을 맞춘 파동요법과 힐링에 대해 설명하겠다.

◎ 마음과 육체의 관계

'힐링(healing)'은 마음을 치유한다는 의미를 지닌다. 인간의 질병을 치료하는 곳은 병원이고, 병원은 현대의학의 상징이다. 지금까지의 의학은 육체가 마음보다 더 중요하다는 관점에서 물리적인 의술(醫術)을 발달시켜 왔다.

그러나 힐링은 질병을 치유하는 수단으로 마음의 의술(醫術)에 의존해 왔다. 마음의 의술이란 마음의 영향력을 극대화시켜 질병을 극복하는 치유법을 말한다. 종래의 힐링수단으로는 명상, 호흡법, 기공법(氣功法) 등이 있다.

마음의 의술은 눈에 보이지 않고 그 결과를 신속하게 느낄 수 없는 것이 단점이다. 그렇기 때문에 힐링은 대중의 신뢰를 얻기가 힘들어 극소수의 사람들이 관심을 갖는 전통적인 방법으로 인식돼 오고 있다.

그러나 증상에 따라 처치하는 대증요법(對症療法)만으로는 인간의 건강이 확보될 수 없다는 불안감이 생겨나고 있다. 미국, 독일 등지의 선진의료국가가 '마음의 의술'에 관심을 갖고 대체의학(alternative medicine)이라는 이름으로 그것을 발전시키고 있다.

마음의 영향력이 바로 파동이다. 마음의 의술이란 파동을 응용한 하나의 분야인 셈이다. 물리적인 의술의 목표가 치료(cure)라면 마음의 의술 목표는 치유(healing)이다. 힐링의 미래는 파동의 과학화와 대중의 관심에 달려 있다. 힐링은 많은 사람들을 즐겁게하는 진정한 마음의 의술을 정립해 나가야 할 것이다.

생명 내부(Higher Self)로부터의 혁명

◉ 마음과 육체를 이해하는 길이 힐링의 출발점

　힐링의 대상은 마음이고 현대의학의 주된 치료 대상은 육체이다. 건강의 두 축이 인간의 마음과 육체이다. '건강한 육체에 건전한 마음이 깃든'고 말하듯이, 마음과 육체는 건강을 논할 때 불가분의 관계에 있다. 힐링이 마음에서 출발한다고 해서 마음이 육체보다 상위의 개념이거나 더 중요하다는 것은 결코 아니다.

　육체는 마음을 위해, 마음을 건강하게 하기 위해 존재한다. 건강상의 문제로 수술을 받거나 약물로 치료하는 것은 전부 육체가 그 고통을 담당하는 것이다. 예를 들면 수술을 통해 육체는 괴롭지만 막연한 불안감이 사라져 마음은 오히려 편안해질 수 있다. 공해요소가 있는 공기를 마셔 가면서도 업무를 수행하는 특수한 경우에도 육체는 고달프지만 인내하면서 마음을 편하게 하는 것이다.

　"저 사람은 육체가 좋지 않다. 따라서 마음도 좋지 않다"고 하는 말은 틀릴 수 있다. 육체가 좋지 않으므로 거꾸로 마음이 안정되는 경우도 있을 수 있기 때문이다. 이와 같이 육체는 마음을 위해 희생적으로 살아가고 있는 것이다.

　그러면 마음은 육체를 위해 무엇을 해 주는가? 마음은 '생명력'이라는 눈에 보이지 않는 에너지로 육체에 원기와 생명을 유지시켜 준다. 마음은 의식을 통해 육체가 필요한 정보를 세포에 전달하여 육체가 원하는 것을 하도록 도와준다. 육체와 마음은 이와 같이 서로 불가분의 관계에 놓여 있다.

육체	상호보완	마음
마음을 위해, 마음을 건강하게 하기 위해 존재	관계	육체에 생명력을, 육체에 필요한 정보를 제공함

【육체와 마음의 관계】

의술(醫術)의 본래 의미는 육체를 건강하게 유지하도록 약물, 수술요법을 통하여 마음을 건강하게 유지하는 것이다. 의술의 범위에는 치료(cure)를 통해 궁극적으로는 마음까지 치유(healing)하는 것이 포함되어 있다.

힐링은 눈에 보이지 않고 결과를 기계로 측정하기가 쉽지 않다. 그런 까닭에 현대의학은 치료에만 집중하고 본래의 의술에 포함된 힐링은 멀리하고 있는 것 같다. 그러나 21세기 현대의학은 힐링의 실체를 이해하려는 보다 적극적인 노력이 필요하다. 치료와 치유가 보완, 통합되어야만 질병을 예방하고 장수의 꿈을 이룰 수 있을 것이다.

◉ 파동요법이 가져오는 힐링

힐링은 파동요법(波動療法)에 의해 이루어진다. 파동요법은 플러스 파동으로 마이너스 파동을 깨끗이 청소하여 배출시켜 원래의 생명력을 회복시키는 요법이다. 여기서 원래의 생명력을 회복

시켜 심신(心·身)이 건강하게 되는 것이 힐링(healing)이다. 앞서
파동의 세계에서 설명한 대로 인간을 비롯하여 돌, 기계에 이르기
까지 지구상의 모든 존재가 파동을 발산한다. 따라서 파동요법은
지구상의 모든 존재에 적용할 수 있다. 인간을 대상으로 한 파동
요법과 힐링에 관해서 설명해 보겠다.

인체에는 수많은 플러스 파동과 마이너스 파동이 존재한다고
설명한 바 있다(이 장에서는 유전자 대신에 파동을 사용하겠다).
인체 내의 마이너스 파동을 외부의 파동원이 갖고 있는 플러스 파
동에 의해 청소(cleaning)해서 제거하는 메커니즘은 아래 그림과
같다.

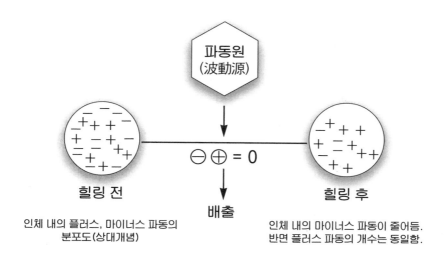

【파동요법에 의한 힐링의 메커니즘】

파동원은 파동을 받을 인체보다 파동의 파워(power)가 커야한다. 파동의 흐름은 물과 같아서 높은 곳에서 낮은 곳으로 흐르며 파동의 파워(power)에 따라 힐링의 결과가 달라진다. 파동원에는 무엇이 있는지 나중에 설명하겠다.

인체의 마이너스 파동이 파동원이 갖는 플러스 파동의 공명작용으로 정화(⊖ + ⊕ = 0)된다. 파동의 에너지가 제로(0)인 것은 마이너스 파동이 사라진 것을 의미한다. 한 번의 파동요법으로 마이너스 파동이 전부 사라지는 것은 아니고 서서히 줄어든다. 마이너스 파동이 없어지는 모습은 여러 가지 배출의 형태를 취하는데, 파동원에 따라 구체적으로 인지될 때도 있고 자각이 없을 수도 있다(파동육각수의 경우는 뒤에 자세히 설명하겠다).

◉ 질병을 예방하고 행복을 선사하는 힐링

지금까지의 힐링에 대한 설명을 그림으로 나타내면 다음과 같다.

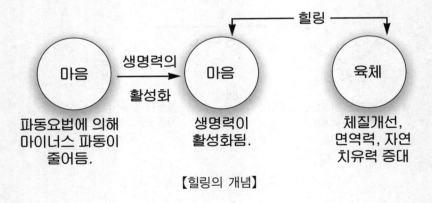

【힐링의 개념】

인간이 힐링이 되면 마음속의 생명력이 활성화되고 그 에너지에 의해 육체는 체질이 바뀌어 면역력, 자연치유력이 증대된다. 강건해진 육체는 외부의 질병이나 건강상의 장애요인을 극복할 수 있게 된다.

현대의학에서는 주로 질병이 발생한 이후에 치료가 이루어진다. 그러나 인간이 진정으로 바라는 것은 질병에 걸리지 않고 오래 사는 것이다. 그러므로 질병을 예방하는 차원의 의료기술이 발전해야 한다. 이것은 현대의학이 장기적으로 추구해야 할 목표인 것이다.

힐링은 질병으로 진전되기 전의 병적인 원인을 파동수준에서 제거하여 질병을 예방하는 것이다. 파동수준에서 질병이 예방되는 것에 대해 설명해 보겠다.

인간의 모든 질병의 원인은 조상으로부터 물려받은 유전자 정보이다. 유전자 정보는 DNA에 각인되어 있는데 유전자 정보가 질병으로 발전하기 전에 그 정보를 소멸시켜야 한다. 파동요법에 의한 힐링이 그 방법이 될 수 있다.

그러면 힐링이 되면 인간에게 어떤 변화가 있을까? 좀더 구체적으로 설명해 보겠다.

인체의 세포핵에 들어 있는 유전자에는 '건강하게 살고 싶다' '즐겁게 살고 싶다' 그리고 '미래를 알고 싶다'는 세 가지 유전정보가 들어 있다. 힐링이 이루어지면 세 가지 정보는 형태화되어 인간의 생활을 안심, 즐거움, 창조성의 활성화로 바꾸어 준다.

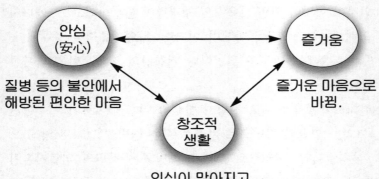

안심
(安心)

즐거움

질병 등의 불안에서
해방된 편안한 마음

즐거운 마음으로
바뀜.

창조적
생활

의식이 맑아지고
직관과 창조성이 발휘됨.

【힐링이 된 이후의 모습】

이제까지는 힐링을 '질병을 치유한다'는 좁은 의미로 이해해
왔다. 그러나 위에서 설명한 대로 넓은 의미의 힐링이란 건강을
넘어 인간을 창조적으로 바꾸어 주고, 행복한 삶이 가능하도록 생
명력을 극대화시키는 것이다. 인간은 힐링을 통해 질병을 예방
하고 즐겁고 행복하게 살아가는 장수의 꿈을 실현할 것이다.

◉ 힐링을 가져다주는 파동원

힐링에 이르는 수단인 파동요법에 쓰이는 파동원(波動源)에는
여러 가지가 있다. 물, 그림, 음악, 향, 특정한 장소, 돌, 음식, 특
수한 능력을 가진 사람 등 좋은 파동을 발산하는 파동원은 다양하
다. 파동원에서 발산되는 파동의 종류에 따라 힐링 효과에 차이가

있다. 파동은 물질별로 파워(power)가 다르기 때문이다. 우주의 파동에 의한 힐링이 가장 높은 효과를 나타낸다.

◉ 파동육각수

특수한 물속에 포함된 우주의 파동이 인체에 작용하여 마이너스 파동을 정화하고 힐링시킨다. 인간은 물을 계속 마셔야 한다. 매일 음용하는 물속에 우주의 파동이 녹아 있다면 건강의 관점에서 최고의 혜택이다. 제6장에서 설명하는 파동육각수가 이에 해당한다.

◉ 그림과 음악

특수한 그림이나 음악이 인간의 마음에 심리적 안정감을 주는 것은 이들이 내는 고유의 파동 작용 때문이다. 어떤 그림이나 음악을 감상하고 있을 때 뇌파를 측정해 보면 신체 변화를 확인할 수 있다. 이러한 예술에 의한 힐링 기능 때문에 일부 병원에서는 치료에 그림과 음악을 부분적으로 활용하는 등 새롭게 주목 받고 있다.

그림에서 발산되는 에너지가 우주의 파동과 공명한다면 그 그림은 가장 높은 힐링 효능을 갖게 된다. 이러한 힐링 그림의 예를 다음에 소개한다.

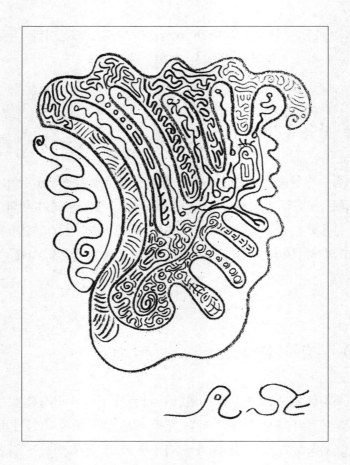

【우주의 파동에 공명하는 힐링 그림】

이 그림은 인간의 마음과 공간을 동시에 힐링시킴으로써 인간의 건강은 물론 일정 반경(최대 49km)까지 범죄율을 10%가량 줄일 수 있다. 일정 반경에 있는 인간의 마음을 힐링시키는 것이다. 힐링으로 마음이 순화되면 범죄의 건수도 당연히 줄어든다.

생명 내부(Higher Self)로부터의 혁명

◉ 예술의 원래 목적은 힐링

그림과 음악을 포함한 예술은 인간의 역사가 시작된 먼 고대부터 있었다. 예술은 인간 내면의 감정을 그림이나 소리(음악)로 표현함으로써 생명력을 회복시켜 심신을 건강하게 유지하고 삶을 안심하고 즐겁게 살아가게 하는 힐링이 원래의 목적이었다.

역사가 오래된 교회의 벽이나 천장 그리고 성벽은 그림으로 가득 차 있는데 이것들은 치유를 목적으로 그려 놓은 것이었다. 그러한 예술의 목적이 시대의 흐름과 더불어 퇴색하고 '돈'을 벌기 위하여 힐링과는 거리가 먼 상업적인 그림, 음악이 주류를 이루고 있는 것이 사실이다.

그러나 다시 21세기를 맞아 인간들은 우주와의 조화를 회복해 가고 있다. 인간 내면의 세계를 표현하려는 예술이 싹트면서 예술 원래의 목적인 힐링이 가능해지고 있다. 이것이 예술요법(art therapy)이 탄생한 배경이고 현재의 모습이다.

그림의 경우를 좀더 자세히 설명해 보겠다.

일본에서 유일한 예술요법 화랑(gallery)인 종화방(宗畵房)을 운영하고 있는 두 사람(크로스미에, 시부야 히로미)이 쓴 「美와의 共生」의 내용 일부를 소개하고자 한다.

그림은 여러 가지의 요소로 성립되어 있다. 색채, 형태(form) 그리고 터치(touch)가 주요한 요소이다. 색채의 파장은 전부 다른데 따뜻한 느낌의 붉은색과 오렌지색은 파장이 짧고, 조용한 느낌의 푸른색은 파장이 길다. 위의 세 가지 요소를 최후에 종합하는 것이 작가의 감성과 혼(魂)이다.

붉은색이 갖고 있는 밝음이나 즐거움도 사용하는 사람에 따라서는 시끄럽고 성가시게 될 때가 있고 푸른색이 갖고 있는 조용함도 그것의 분량, 투명도에 의해 기분이 가라앉거나 어두운 인상을 주기도 한다. 따라서 그 색채나 형태(form)를 자신의 이미지와 같이 완성하는 것은 작가의 '마음'에 달려 있다.

작가가 무엇을 표현하려 하는가, 시대를 어떻게 느끼고 있는가 등 여러 가지 의미로 그 사람의 정보가 포함된 파동이 집적된 것이 그림이라고 말할 수 있다. 그림을 감상할 때 감동이 마음에 와닿는 것은 작가가 그림 속에 담아 놓은 파동이 공명하기 때문이다. 이럴 때의 그림은 힐링 그림(healing painting)이 된다.

음악의 경우도 마찬가지이다. 음악의 요소인 화성, 선율, 리듬, 템포 등이 마음을 편안하게 안정시키는데, 그런 음악 속에는 오랫동안 귀에 익숙한 파동을 듣는 친근감이 숨어 있기도 하다. 이때의 음악이 힐링 음악(healing music)이 된다.

이러한 그림과 음악은 남의 작품을 감상하는 것과 마찬가지로 직접 그리거나 악기를 연주하는 것, 노래 부르기 등을 통해서도 자신을 힐링할 수 있다. 예를 들면 자신의 그림에 담는 내용은 무엇인가? 옛적의 즐거운 추억일 수도 있고, 아름다운 정경(情景)일 수도 있고, 잠재의식이 알려 주는 미지의 이미지일 수도 있다.

그림을 그리는 동안 스스로 잠재의식 속의 아픈 상처(trauma)나 슬픔을 정화하여 생명력을 활성화시킨다. 이런 그림은 잠재의식과의 대화 과정이라고 말할 수 있다.

물질만능주의에 푹 빠져 있지만 현대인들은 마음 한편으로 불안감을 느끼고 있다. 이런 시대에 마음을 편안하게 해 주는 힐링이 되는 그림과 음악의 장르가 새롭게 각광을 받는 것은 어쩌면

생명 내부(Higher Self)로부터의 혁명

당연한 일인지도 모른다.

도쿠다 요시도(德田良人: 의학박사, 일본예술요법 추천위원장) 씨는 「美와의 共生」이라는 글에서 이렇게 주장하고 있다. "그림은 언어 이상으로 넓고 깊은 자기 표현이 가능하다. 그림은 '치유, 공감'이라고 하는 수준을 초월하여 새로운 자신과 만나는 가능성을 갖고 있다."

인간이 원하는 것은 무엇이든지 비즈니스가 된다. 필자의 생각으로는 3~5년 이후가 되면 힐링아트(healing art)가 새로운 비즈니스로서 각광을 받게 될 것이다. 질병을 치유하는 목적으로 힐링아트를 활용하는 병원이 더욱 늘어날 것이고 힐링아트 교육을 전담하는 전문기관 또한 늘어날 것이다. 힐링아트의 성행은 치유의 차원을 넓혀 인간의 의식을 고양시켜 마음과 건강의 수준을 높여주고 사회를 밝게 만들어 가는 데 견인차 역할을 할 것이다.

⬡ 파동 디자인

특수한 형상(pattern)을 그린 간단한 파동 디자인이 우주의 파동을 끌어와 인체를 활성화시킨다. 인간의 잠재의식에는 안심, 건강과 관련된 정보가 들어 있는데, 필자가 운영하는 제이스텝(주)에서는 이것을 끌어내고 강화하는 형상을 설계하는 노하우를 보유하고 있다.

간단히 요약하면 파동 디자인을 적용한 스티커 혹은 실(seal)을 상품에 부착하기만 해도 인간을 힐링하는 효과가 있다. 이에 관해서는 제8장에서 설명하겠다.

⬡ 특수한 능력이 있는 사람

특수한 능력이 있는 사람은 파동(혹은 氣)을 방사하여 질병을 치유하기도 한다. 이런 사람을 힐러(healer)라고 한다. 힐러가 손으로 직접 에너지를 내는 핸드힐링(hand healing)도 있다. 대개 특수한 능력을 가진 힐러는 우주로부터 기(氣)를 받아 상대방에게 주어 치유하는 것이다.

사람은 누구나 파동을 발산하지만 파동의 흐름은 물과 같이 높은 곳에서 낮은 곳으로 흐르는 법이다. 파동의 에너지가 가장 높은 것은 우주의 핵심에너지이다. 치유 능력이 탁월한 힐러는 우주에 있는 아주 높은 레벨의 에너지를 받아 자기 몸을 통해서 상대방에게 전달해 준다.

만약에 힐러가 치유의 대가로 많은 돈을 요구한다면 대개 에너지 레벨이 낮아 치유의 효능도 적다. 왜냐하면 우주의 에너지는 맑고 순수하고 사랑이 넘치는 힐러를 통해 흐르기 때문이다. 만약 우주와의 에너지 통로가 열리지 않은 사람이 남을 힐링한다면 자기 자신의 에너지를 소비하는 것으로, 그의 수명이 짧아질 수밖에 없다.

⬡ 장소에 의한 힐링

개인적으로 어떤 곳에 가면 어쩐지 기분이 좋아지는 경험을 한 사람이 있을 것이다. 그 사람의 에너지와 그 장소의 에너지가 서로 성질이 잘 맞아 파동의 공명현상이 일어났기 때문이다. 그런데 세계에는 에너지가 특별히 강해 다수의 사람들에게 힐링효과를 주는 장소들이 있다. 이는 민족 특유의 전통으로 전해져 오는 이 야기 속에도 있다.

영국의 남부에 위치한 월트샤이어(Wiltshire)의 샬리스베리 (Salisberry) 평원에 있는 거대한 석조물인 스톤헨지(Stone henge), 페루의 안데스 산맥 근처, 히말라야 산자락에 위치한 치 유의 사원(healing temple) 등은 그 대표적인 곳으로, 사람들의 발길이 끊이지 않는다고 한다.

이러한 장소는 그 지역에 살던 사람들의 의식, 지역 자체가 갖 는 에너지가 특별히 모인 곳이다. 그곳은 땅의 에너지와 우주의 에너지가 공명하여 하나로 된 곳이다.

이런 곳에 가면 그곳의 좋은 파동이 마음에 공명하여 그 정보 가 의식 속에 쌓인다. 세계에는 이렇게 특별히 파동이 좋은 곳이 몇십 군데 더 있는 것으로 알려져 있다.

마지막으로 미국에 있는 친구가 필자에게 보내 준 스톤헨지와 관련된 자료에서 힐링에 관한 내용을 소개하면 다음과 같다.

"...Stonehenge retains its power. ...local people have long believed the stones had healing powers which, when transferred to water, could cure all manner of ailments..."

"…스톤헨지는 힘(파동)을 갖고 있다. …지역 주민들은 오래 전부터 이 돌이 힐링의 힘을 갖고 있으며, 그 힐링의 힘이 전이된 물을 마시면 모든 종류의 병을 치유할 수 있다고 믿어 왔다…"

이와 같이 옛날 사람들은 그들의 질병을 자연(돌도 자연이다)

과의 교감으로 고칠 수 있다는 믿음을 갖고 있었다.

특히 스톤헨지는 필자가 파동육각수를 개발하는 데 직감을 제공해 준 장소이기도 한데, 필자는 초기 단계의 파동육각수인 '레민다' 물을 개발한 후인 1995년 11월, 그곳을 직접 방문한 적이 있다.

거대한 돌무덤이 영겁의 세월을 거쳐 내는 신비한 파동의 에너지를 필자는 아직도 감동으로 간직하고 있다.

필자가 3일간 그곳에 머물면서 스톤헨지에 관련된 자료와 필자의 직감을 토대로 몇 가지를 더 소개하고자 한다. 스톤헨지를 방문했을 때의 사진을 참조하기 바란다.

【스톤헨지】

스톤헨지는 거석문화(巨石文化)의 세계적 유적지로 알려져

생명 내부(Higher Self)로부터의 혁명

있다. 16세기 중반에 제임스 1세는 당시의 건축학자들과 고고학자들로 하여금 스톤헨지의 비밀을 알아내게 하였다. 그 당시의 발견으로 스톤헨지가 영국 역사의 찬란했던 고대문명을 증명하는 유적이라고 믿었다. 스톤헨지의 그 당시의 용도나 역할은 다음과 같은 것이었다.

① 천문대의 역할

별자리와 천체의 움직임을 관찰하여 기후의 변화와 하늘의 변화를 예측하는 천문대의 역할을 했다.

② 의식(ceremony)의 장소

대자연의 혜택에 감사하고 사람들의 행복을 기원하는 주요 의식(儀式)을 개최하는 장소였다. 스톤헨지의 중심에는 의식에 사용된 제단이 있다.

③ 힐링의 장소

마음의 안정과 평화를 찾기 위해 이곳을 찾아 명상하고 기도하는 장소로 활용하였다. 이곳에서 사람들은 마음의 생명력이 활성화되어 힐링되는 과정을 통해 몸과 마음의 건강을 되찾았다.

④ 권력의 심벌

국가기관의 최고 책임자들이 모여 주요 의결사항을 결정하는 권위 있는 장소로 활용했다. 당시 고대문명국에서는 우주의 섭리에 의해 모든 것을 다스렸다. 특히 정치가는 하늘의 창조적인 뜻에 부합하여 주요 의사를 결정했다. 그런 점에서 이곳은 권력의 상징이었다.

우리 나라는 세계에서 고인돌이 가장 많이 발견되는 곳 중 하나다. 이상과 같은 스톤헨지의 역할에서 우리 나라 고인돌의 쓰임새를 추측할 수 있을 것이다.

필자는 이곳을 방문하여 그 돌에 손을 얹고 명상하면서 대자연의 소리를 직감으로 느꼈다. 인류의 선조가 남긴 스톤헨지는 그 당시의 비밀을 그대로 간직한 채 '無言'의 대화로 그 에너지를 이해하는 사람에게는 확실한 메시지를 주고 있다.

스톤헨지가 위치한 대지(大地)의 무한한 영지(英智)는 나에게 이렇게 속삭였다. "인간들은 태어나서 사라져 가지만 나는 이렇게 영겁의 세월을 지내 왔고 앞으로도 계속 이곳을 지킬 것이다. 인간들이여, 나의 존재로부터 무한의 지혜와 사랑을 배워 그대들도 대자연처럼 살아가라"고.

앞으로 스톤헨지를 찾는 수많은 사람들이 그곳에서 좋은 생명의 파동을 듬뿍 받아 건강과 행복의 길로 들어서는 데 크게 도움을 받을 것이다.

◉ 돌에 의한 힐링

특수한 돌은 우주와의 공명을 통해 인체를 힐링할 수 있다. 방금 설명한 스톤헨지도 그 지역의 특성에 '돌'의 능력이 가미된 것이다. 특수한 파동기술에서 특수한 '돌'의 파동적 역할은 중요하므로 제8장에서 설명한다.

◉ 음식에 의한 힐링

신선한 야채, 생선 등의 식재에도 기(氣)가 포함되어 있다. 직접 먹거나 차(茶)로 만들어 마시는 식재(食材)에는 특수한 파동이 포함되어 이를 음식으로 섭취하면 힐링이 될 수 있다.

특정 토양에서 자라는 식물이 좋은 파동을 함유하고 있다. 인삼이나 특수한 버섯 등이 이에 속한다. 그것은 그 토양만이 가진 미네랄, 물 등을 식물이 흡수하고, 사람이 다시 식물을 먹음으로써 건강에 도움을 주는 것이다.

신토불이(身土不二)도 그런 관점에서 의미가 있다. 자기 나라 토양에서 나오는 식품의 기가 그 땅에서 사는 사람에게 파동적으로 가장 잘 공명하기 때문이다.

◉ 초월력에 의한 힐링

우주의식, 진아(眞我) 등으로 불리는 초월적인 존재로부터 힘을 얻어 그 힘에 의지해 치유가 되는 방식이다. 종교가 대표적인데, 세계의 종교인들 가운데는 이와 같은 치유 사례들을 가진 사람들이 많이 있다.

실제로 현대의학에서 포기한 환자들이 종교 속에서 거짓말처럼 낫는 예가 종종 보고된다. 이것은 일종의 정신적 에너지를 주는 신념에 의한 힐링효과라 할 수 있다.

이제까지 설명한, 힐링을 가져다주는 다양한 파동원을 그림으로
정리하면 다음과 같다.

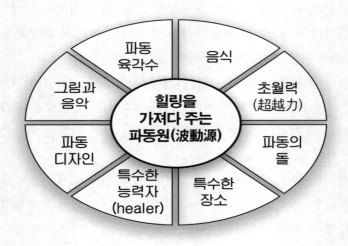

【파동원】

위의 도표에 표시된 대로 파동원을 활용하면 파동원과 공명하
는 파동이 생명력을 활성화시킨다. 힐링의 핵심은 '우주의 파동을
인간이 어떻게 수신하는가'에 있다. 우주의 파동은 지구의 생명체
에 공평하게 내려지고 있다.

파동원을 별도로 사용하지 않고도 우주의 파동을 인체가 직접
수신하면 힐링이 될 수 있다. 언제나 즐거운 마음으로 자기가 하
는 일에 열중하면 우주의 파동을 수신할 수 있다.

단순하고 소박하게 살아가는 사람들이 건강하고 행복한 것은
그 사람의 생활습관이 우주의 파동과 공명하기 때문이다.

◉ 힐링의 관점에서 본 건강의 주요 테마

파동의 작용 결과로 생명력이 활성화되는 것이 힐링이다. 인간의 건강은 본질적으로 파동과 힐링에 관계돼 있다. 이런 새로운 시점(視點)에서 건강에 관련된 테마를 조명해 보고자 한다.

◉ 건강의 4대 요소

인간에게 건강만큼 소중한 것은 없다. 인간의 건강은 아래의 그림에서 표시한 대로 유전적 요소, 기(氣)의 순환, 식사, 환경 이렇게 네 가지로 구성돼 있다.

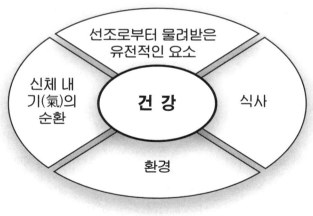

【건강의 4대 요소】

건강의 4대 요소별로 요점을 설명하면 다음과 같다.

유전적인 요소

인간은 태어나면서 조상으로부터 생명에 관련된 고유한 정보를 물려받게 되는데 이것이 유전적인 요소이다. 우리 주변에 장수하는 사람도 있고 특정 질병을 이어 가는 경우도 있는데 이것이 바로 유전정보의 작용이다.

어떤 사람은 병적인 유전정보를 갖고 태어나지만 건강한 삶을 향유한다. 반면 어떤 사람은 살아가는 과정에서 정신적인 쇼크나 계속된 스트레스와 잘못된 생활습관으로 잠재된 병적인 에너지가 표면에 나타나 종양으로 되는 경우도 있다. 이것이 파동과학의 관점에서 인체 내에 종양이 만들어지는 경로이면서 메커니즘이다.

종양이 암으로 진전하면 현대의학에서 수술이나 항암요법으로 치료하지만 암의 뿌리인 근본 원인은 에너지로 남아 있어 언젠가 시간이 지나 파동의 결집이 입자로 되는 재발 가능성이 남는다. 이렇듯 유전적 요소는 일생을 두고 좋게도, 나쁘게도 작용하여 건강의 중요 변수가 된다.

기(氣)의 순환

인간의 육체는 60조(兆) 개의 세포가 기계적으로 모여 있는 것이 아니고 파동(波動)으로 연결된 유기체로서 파동의 집합체라고 설명한 바 있다. 이런 관점에서 보면 파동 즉 기(氣)가 단위세포를 움직이고 컨트롤하는 생명의 원천이 된다.

기가 세포 사이를 원활하게 순환하면 인체의 혈관, 신경계통이 막히거나 치우침 없는 균형된 상태로 유지된다. 각종 명상, 호흡법 등이 유행하는 것도 기(氣)의 순환을 좋게 하는 방법 중의 하나

이기 때문이다. 한편 스트레칭, 걷기 등의 육체적 운동이 기(氣)의 순환에 크게 도움을 준다. 기는 흔들어 줄 때 활동과 흐름이 활성화되기 때문에 적당한 수준의 육체적 운동이 필수적이다.

식사

식사의 핵심은 음식이 입 안에 들어왔을 때 즐거운 마음을 유지하는 것이라고 설명한 바 있다. 혹시 부분적으로 나쁜 파동이 포함된 음식이라도 입에 들어간 후 즐거운 마음으로 식사하면 좋은 파동으로 바뀐다. 아무리 채식이라도 기분이 나쁘면 나쁜 파동으로 몸에 전달된다.

한편 단백질, 탄수화물을 비롯하여 비타민, 미네랄 등은 기(氣)를 균형 있게 만들어 준다. 비타민은 과실(果實), 뿌리(根), 조개(貝)의 내용물, 꽃(花) 등을 농축하면 얻을 수 있는데 비타민B는 인간의 창조성을 올려 준다.

미네랄은 자연의 좋은 곳에서 나온 식재(食材) 즉 공기, 물, 흙이 깨끗한 심산유곡에서 자라는 버섯, 각종 약초 등에서 풍부하게 구할 수 있고 미량의 성분이라도 인간의 생명력 증진에 도움을 준다. 칼슘은 뼈를 만드는 주요 성분이면서 인간의 감정을 안정시킨다. 기(氣)는 신선한 식재(食材) 즉 신선한 야채, 과일, 생선 등을 통해서 섭취할 수 있다.

환경

　환경은 인간이 생활하는 주거공간의 위치와 방향에 따라 우주의 에너지를 흡수하는 힘이 다르기 때문에 건강에 영향을 준다. 동북(東北), 남서(南西)의 위치에서는 사람이 우주의 에너지를 쉽게 받고 염력(念力)이 강해진다.

　환경이 가져다주는 건강 관련 요소 중의 하나에 풍수사상이 있다. 풍수(風水)란 특히 바람과 물이 갖는 에너지의 영향을 말하는데, 인간은 어쩔 수 없이 자연의 영향을 받기 때문에 전통적으로 전해 내려오고 있다. 바람과 물이 갖는 파동은 우주 에너지의 주요 부분을 말하고 있음으로 풍수가 좋은 곳에 살면 건강에 좋은 영향을 받는다.

　위에 열거한 네 가지 요소가 인간의 건강을 결정짓는 주요 요소이다.

　파동육각수가 하는 역할은 이 중 두가지 즉 유전 에너지를 순화(純化)시켜 배출하는 것과 체내의 기(氣)의 순환을 좋게 한다. 인간이 갖는 유전정보를 바꾸어 질병의 근원을 치유하는 신비한 작용을 파동육각수가 담당한다. 한편 파동육각수는 파동수이므로 체내에서 기(氣)의 순환을 원활하게 한다.

　위에 열거한 건강의 4대 요소는 전부 다 파동이거나 파동과 직결되어 있다. 4대 건강 요소가 플러스적으로 작용하면 생명력은 활성화돼 최고의 건강을 유지하게 된다. 건강의 4대 요소를 충분히 이해하고 실천하는 것이 진정한 건강을 유지하는 길이 될 것이다.

◉ 진정한 체질개선

각종 건강상품 및 건강법으로 체질개선을 이루어 건강을 증진시킨다는 주장이 있으나, 올바른 인식을 위해 새로운 관점에서 진정한 체질개선에 관해 설명하면 다음과 같다.

- 체질개선을 육체적으로 강건하게 되는 것으로만 인식하는 것은 올바르지 않다.
- 인간의 의식에는 다음과 같은 에너지가 들어 있다.
  ― 건강을 유지하려는 생명력의 에너지
  ― 남을 도와주는 것을 즐거워하는 사랑의 에너지
  ― 본인을 포함한 타인과 편안한 관계를 유지하는 평화의 에너지

생명력, 사랑, 평화를 유지하려는 에너지가 활성화되어 의식을 먼저 개선하면 체질개선으로 진전된다. 이것이 진정한 체질개선이다.

위의 설명대로 체질개선이 이루어지는 과정은 본인이 느껴 볼수밖에 없다. 살아가면서 본인의 체질이 좋게 변하고 있다면 그 변화를 스스로 인식하게 될 것이다. 그러나 상황 변화에 따라 심신(心身)의 안정이 깨져 원래대로 복원되면 좋게 바뀌다가 다시 나쁘게 될 수도 있다.

따라서 진정한 체질개선을 하기 위해서는 체질개선에 도움이 되는 일들을 계속적으로 실천하여 의식 속에 변화의 에너지를 침

투시키는 꾸준한 노력이 필요하다.

파동육각수는 인체 내의 파동공명의 작용으로 진정한 체질개
선을 이루도록 도와준다. 인간이 진정한 체질개선을 이루게 되면
각종 질병 및 공해로 인한 건강의 위협, 전쟁의 불안감 등 인생살
이의 변화에도 의연하게 대처하며 살아갈 수 있으리라 생각한다.

◉ 면역력과 자연치유력의 실체와 그 증대 방안

현대의학은 면역력이나 자연치유력이 인간의 세포 즉 육체에
서 나오는 것으로만 설명하고 있는데 이는 반쪽 설명에 불과하다.
현대의학에서는 마음의 역할이 빠져 있으나 실제는 이 역할이 대
단히 중요하다.

면역력이나 자연치유력의 '–력(力)'은 에너지를 뜻하며 이는
마음속에 내재한 또 하나의 '생명의 힘'을 뜻한다. 인간이 우주로
부터 생명의 에너지(life energy)를 받고 태어났기 때문이다. 에
너지는 눈에 보이지 않기 때문에 현대의학의 조명을 덜 받아 온
것이 사실이다.

에너지는 '파동'과 같은 것으로, 새로운 과학을 받아들이는 열
린 마음이 필요하다.

면역력은 인간의 심신(心身) 즉 마음과 육체가 생명(life)을 지켜
주는 힘을 말한다. 면역력은 이물질(異物質)이나 외부 세균, 바이러
스 등 나쁜 환경에서 인간의 생명을 보호해 주는 방어 시스템이다.

항체라는 면역물질이 체내에서 자체적으로 생성되어 외부의

병원균으로부터 생명을 보호한다. 항체는 뇌신경의 지령을 받기 쉬운 세포의 일종이다. 면역력이 강해지면 병원균에 노출되어도 영향을 덜 받는다.

사스(sars) 등에 노출되었을 때 건강한 사람은 아무 문제가 없지만 노인 등 면역력이 낮은 사람은 감염되기 쉽다. 평소 감기가 쉽게 걸리거나 배탈, 설사가 잦은 사람은 상대적으로 면역력이 낮은 사람이다.

자연치유력은 인간의 신체를 내외부의 나쁜 환경으로부터 지켜 주는 힘이다. 감기에 걸리더라도 며칠이면 자연히 낫는다든가 피부에 상처를 입어 출혈이 있어도 곧 혈액이 응고되고 상처가 자연히 치유되는 힘이 바로 자연치유력이다.

면역력이나 자연치유력은 인간의 생명을 보호하고 지켜 주는 인체의 힘이라는 점에서 똑같은 말이다. 면역력은 질병이 걸리지 않도록 하는 생명의 힘인 데 반해, 자연치유력은 질병이 걸린 이후에 치유할 수 있는 힘을 말한다. 면역력과 자연치유력을 키우는 것은 인간의 건강을 지켜 주는 가장 중요한 요소이다.

증대 방안

면역력과 자연치유력은 마음과 육체의 균형(balance) 있는 연동작용에 의해 증대된다. 여기서 마음과 육체의 균형이라 함은 육체적 운동은 많이 하는데 정신적으로 불안하면 균형 상태가 안 되고 명상, 종교 심취 등 정신적인 안정을 얻기 위한 노력은 많은데 육체적 운동이 모자라면 균형 상태가 안된다는 것이다.

심신이 균형을 이루고 면역력과 자연치유력을 증대시키는

3대 요소는 감정(感情), 식사 그리고 운동이다.

감정은 마음 상태를 언제나 즐겁게 유지하는 것이다. 마음을 즐겁게 유지하기 위해서는 마음을 집중할 때와 느슨하게(relax) 할 때 마음의 균형된 배분이 필요하다.

오늘 이 순간을 즐거워하는 것이 인간의 생명에너지를 최대로 활용하는 것이다. 과거 때문에 현재를 희생해서는 안 된다.

인간의 일은 3초만 지나면 전부 과거가 된다. 과거에 집착하여 고민하고 부정적이 되면 지금 맞고 있는 현재의 의미가 없어진다. 마음을 언제나 전향적이고 적극적으로 유지하는 것이 좋은 감정을 유지하는 길이다. 감정이 즐거울 때에 생기(生氣)가 활성화되어 면역력이 올라간다. 명상, 요가 등으로 면역력을 향상시키는 것은 그것을 통해 인간의 마음을 컨트롤하기 때문이다.

'식사'에 관해서는 '건강의 4대 요소'를 참조하기 바란다. 여기서는 한 가지만 추가로 설명하겠다.

음식을 섭취할 때 몸에 필요한 것을 선택해야 하는데, 일반적으로 자기가 좋아하는 음식을 먹는 것이 문제이다. 좋아하는 음식만 계속 먹다 보면 편식이 되어 건강 장애 요인이 된다. 음식을 맛있게 조리하는 법이 다양하게 개발되어 있으므로 몸에 좋은 음식을 골라 지혜롭게 조리를 하면 자기 입맛에 맞출 수 있다.

운동의 핵심은 다음의 세 가지이다.

첫째, 산소를 소비하는 유산소운동을 20분 이상 계속하되 몸에 무리가 되지 않아야 된다. 유산소운동으로는 걷기, 조깅, 수영 등이 좋다.

둘째, 몸 전체를 부드럽게 풀어 주는 스트레칭이나 에어로빅 등의 운동이 좋다. 운동을 통해 뼈마디나 관절 등을 부드럽게 해 주면 더욱 좋다.

셋째, 육체와 마음의 연동이 잘 되어야 한다. 육체가 마음먹은 대로 움직이지 않거나 육체는 움직이는데 마음이 잘 따라 주지 않는다면 육체와 마음의 연동에 문제가 있는 것이다.

◉ 오행(五行)에 의한 식사

식사에 관해 이미 설명한 바 있지만 여기에서는 오행의 관점에서 건강에 좋은 식사를 소개하겠다.

오색(五色)의 식사와 오행

최근 들어 질병을 예방하고 치유하기 위해 무엇을 먹을 것인가에 대한 여러 가지 추천 방안이 있으나, 인체의 생명에너지의 균형을 위해서는 아래와 같이 다섯 가지 색깔의 식사를 권하고 싶다.

색 깔	식 재(食材)	오 행(五行)
푸른색	야채	木
붉은색	당근, 고춧가루 등	火
노란색	효소, 육고기, 생선	土
흰색	쌀, 탄수화물	金
검은색	미네랄, 깨소금, 향긋한 재료	水

【다섯 가지 색깔과 오행】

매일 식단에서 다섯 가지의 색깔이 든 식사를 하는 것이 가장 바람직하다. 야채 중심의 식사를 할 때도 생선을 곁들인다면 더욱 균형 잡힌 식사가 될 것이다. 다섯 가지 색깔과 오행이 어떻게 연관되는지는 위의 표에서 이해하기 바란다.

검은색이 물(水)과 일치하는 것은 물이 정보를 흡수하는 특성 때문이다. 빛이 모든 것을 흡수하면 블랙홀(black hole)이 되는 것과 같다. 즉 물의 우주적 색깔은 검은색이다. 여기서 우주적 색깔이란 파동적으로 이미지할 때의 색깔이란 뜻이다.

오행은 무엇이며 왜 인간의 건강에 중요한가

오행은 우주의 생명에너지의 기본이다. 인체는 우주의 축소판이므로 오행의 원리를 따를 때 건강이 좋아진다. 생물이든 무생물이든 자연 안에 존재하는 기운은 흐름의 주기를 갖고 있으며, 기본적으로 다섯 가지 변화 과정을 통해 모든 자연을 이루어내고 있다. 그것이 바로 다름 아닌 오행(五行)이며 그 기본 형태는 목화토금수(木火土金水)의 다섯 요소이다.

나무(木)가 부딪치면 그 기운으로 불(火)이 되고, 불의 기운은 다시 재로 변하여 흙(土)이 되며, 흙 속에서 기운은 단단히 굳어져 쇠(金)가 되고, 쇠의 기운은 녹으면 물(水)이 되어, 그 물의 기운을 통해 다시 나무는 자라난다.

이렇게 다섯 요소는 순환한다. 그리고 이들의 결합으로 만물이 형성되며 생명체도 그로 인해 탄생된다. 평소 식사가 오행에 맞으면 생명력이 균형 있게 발전한다.

야채의 유통 단계에서 본 파동의 관점

신선한 식재에는 고유한 파동이 들어 있다. 신선한 야채, 과일, 생선 등이 건강에 좋은 이유는 파동을 섭취할 수 있기 때문이다.

파동은 그 물체가 살아 있다는 표시이므로 파동을 섭취하기 위해서는 야채의 경우 생산지에서 최종 소비자까지 24시간 이내에 유통되어야 하며 저온생장시키면 48시간까지 연장이 가능하다.

여러 가지 야채를 먹을 때 하나라도 신선한 야채가 섞여 있으면 파동의 영향으로 기일이 지난 다른 야채도 좋아진다. 다소 오래된 야채를 먹을 때 한 종류의 신선한 야채를 섞어 먹으면 먹는 과정에서 파동의 공명으로 전체 야채가 좋은 파동을 갖게 된다.

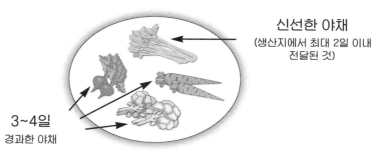

신선한 야채
(생산지에서 최대 2일 이내
전달된 것)

3~4일
경과한 야채

【파동의 공명으로 시일이 초과한 야채를 잘 먹는 법】

생산에서 소비자까지 다섯 사람 이하의 손을 거치는 게 파동의 관점에서 안심할 수 있다. 생산 단계에서 포장하게 되면 다섯 사람 이상의 손을 거쳐도 무방하다.

다섯 사람 이상으로 유통시키면 관련자들의 상념의 파동이 야채에 영향을 주기 때문에 야채의 파동이 떨어진다. 이러한 야채는 먹어도 건강에는 도움이 되지 않는다. 생산지와 가까운 곳에서 바로 물로 끓여 야채스프로 먹으면 효소, 비타민은 일부가 파괴되나 파동이 살아 있는 이점(利點)이 있어서 좋다.

식사의 횟수와 때

아침, 점심, 저녁의 세 끼 식사는 현대인에게 표준으로 되어 있으나 극히 예외의 사람들은 독특한 두 끼 식사를 하고 있다. 물질이 풍부하지 않았던 고대인들은 아래 그림에서와 같이 두 끼 식사와 우주의 기(氣)로 한 끼를 취하는 식사생활이 습관화되어 있었다.

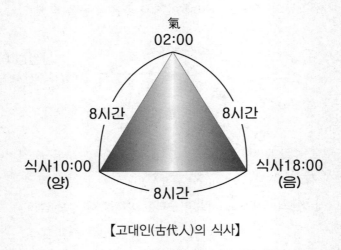

【고대인(古代人)의 식사】

하루 24시간을 3등분하여 오전 10시, 오후 6시에 물질적인 식사를 하고 잠이 든 새벽 2시에 우주의 생명의 기운(生氣)을 받는 것이었다.

고대인의 식재는 탄수화물과 고단백질보다는 자연 속에서 자

생명 내부(Higher Self)로부터의 혁명

라는 과일, 자연의 식물 등에서 비타민, 미네랄이 풍부한 재료가 주종을 이루고 있었을 것이다.

우리의 생명을 지탱하는 것은 에너지이므로 잠자면서 우주의 파동을 취할 수 있다는 믿음이 있으면 누구라도 우주의 기(氣)를 받을 수 있다. 우주는 예나 지금이나 영속적으로 존재하고 작동하기 때문이다.

정신과 육체적인 면에서 많은 에너지를 소비하는 현대인에게 두 끼 식사는 무리겠지만 이런 방식의 식사도 있다는 것을 알아두면 좋겠다.

소식(小食)이 왜 좋은가

오래 사는 사람들의 공통된 식사습관은 소식이다. 소식을 생활화하면 위(胃)의 작용이 원활하여 위 속에서 살아 있는 좋은 균이 활성화되고 나쁜 균은 밀려나서 위의 건강 상태가 좋아진다.

과식(過食)을 하면 음식 찌꺼기가 위장에 남아 부패하기 쉬워 균의 균형이 깨진다. 또 소식을 하면 뇌(腦)가 활성화된다. 소식으로 남은 여분의 에너지가 뇌로 옮겨져 두뇌 활동이 활발해진다.

현대인들의 에너지 섭취 면에서 보면 지나친 소식은 활력을 잃을지 모르므로 적게 먹되 여러 차례 나누어 먹는 것이 좋다. 나누어 먹되 전체적으로 과식이 되지 않게 하는 것이다.

제5장

육각수와 인간의 생명

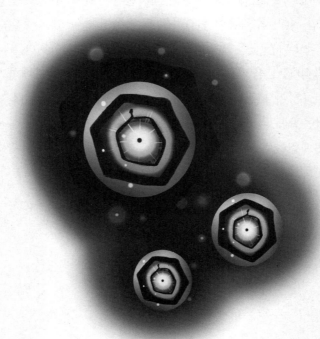

5. 육각수와 인간의 생명

물의 역사는 인간이 탄생하기 훨씬 이전에 시작된 것이다. 물은 지구라는 행성에 운반되기 전에 어디에서 어떤 모습으로 있었을까? 물은 현대의 첨단과학으로 규명하더라도 그 실체를 1%도 해석하기 어렵다고 한다. 생명의 신비 못지않게 물의 세계도 베일에 가려져 있다고 할 수 있다.

물의 기원과 물이 갖는 원래의 구조를 밝혀내는 열쇠로써 주역을 부분적으로 활용하였다. 물은 인간의 뇌에 영감과 아이디어를 주어 인간의 발전과 사회의 주요 변화에 깊은 영향을 주고 있다. 우주 속의 모든 존재는 변하기 마련이다.

태초의 물도 그 원형을 유지할 수 없었다. 물을 변화시킨 원인은 인간의 나쁜 마음이었다. 필자가 파동의 세계를 연구하면서 알게 된 물의 실체를 새로운 관점에서 설명해 보겠다.

◉ 생명의 근원은 물이다

2,600년 전, 고대 그리스 철학자인 탈레스(Thales)는 만물의 근원은 물이라고 했다. 물이 없으면 생명은 탄생할 수 없었다. 모든 만물은 물의 대사(代謝)작용을 통해 그 생명이 유지되는데, 인간 또한 물이 없으면 생명을 보존할 수가 없다.

인체 속 물은 분자 수준의 미세한 접촉을 통해 대사작용을 원활히 하여 생명활동을 활성화시킨다. 이러한 물의 대사 작용은 세포와 세포 사이, 유전자와 유전자 사이에도 똑같이 일어나고 있다.

인간의 성장 기간 즉 태아 — 유아 — 청년 — 장년 — 노년에 걸쳐 똑같이 세포의 약 70%를 물이 차지한다. 태아 때는 물의 함량이 90%를 차지한다. 노년에 이르면 물의 함량이 50% 이하로 떨어진다는 주장이 있으나 이것은 계산의 근거에 따라 달라진다. 노년에 이르면 죽어 있는 세포가 많으므로, 그것을 제외한 살아서 활동하는 세포의 기준으로는 인간 생명의 전 기간에 걸쳐 물의 함량은 약 70%로 똑같다.

우리가 마시는 물은 음식물의 용해와 분해에 관여하여 음식물이 소화 흡수되도록 도와준다. 세포가 소비하는 영양물질, 노폐물은 모두 물에 용해되어 운반된다.

우리가 마신 물은 위나 창자에 흡수되어 혈액 속으로 이행한다. 물은 혈액의 80~84%를 차지하고 있는 주요 성분이다. 혈액은 영양분, 산소 등을 세포에 운반한다. 이로써 세포는 생명활동에 필요한 각종 효소와 단백질을 합성하게 되는 것이다. 혈액은 또 체

내 각 부문에서 나온 노폐물을 수거하여 신장과 같은 장기로 운반하여 몸 밖으로 배출시킨다.

물은 비열(比熱)이 높아 같은 양의 열을 흡수하고도 다른 물질에 비해 온도가 잘 올라가지 않는다. 그래서 무리한 운동으로 체내에서 열이 발생하여도 체온이 쉽게 오르지 않는다.

한편 인체에서 많은 열이 발생하면 땀을 흘려서 체온이 올라가는 것을 방지한다. 이러한 물의 특성이 체온을 크게 변동시키지 않고 어느 정도 일정하게 유지시켜 준다. 물은 외부의 충격에 대해 탄력을 갖고 있어서 외부에서의 충격을 흡수함으로써 관절과 기관을 보호해 준다.

호흡을 할 때마다 들이마시는 산소와 같이 물은 우리가 살아가는 데 필수 요소이다. 식량 없이는 일주일에서 길게는 한 달을 버틸 수 있지만 물 없이는 3일 이상을 버틸 수 없다.

⬡ 물은 마음의 근본이다

물은 생명을 탄생시키므로 생명의 근본이다. 인간의 생명을 지탱하는 것은 눈에 보이지 않는 생명력(life energy)이다. 생명력은 인간의 마음에서 나오므로 물은 마음의 근본이기도 하다.

많은 사람들은 물을 형태가 있는 입자로만 생각하기 때문에 물이 육체에만 작용하는 줄 알고 있다. 물은 입자이면서 파동의 양면성을 지니고 있다. 물은 고유한 파동을 에너지로 발산하고 있는 것이다. 물은 육체 뿐만 아니라 마음에도 작용하면서 의식에 영향을 주고 있다.

인간의 마음이 즐겁고 사랑으로 충만하면 마음에 존재하는 물의 에너지가 활성화되어 육체는 생기(生氣) 넘치는 활력을 유지하게 된다. 자신이 밝고 생기가 넘치면 물의 좋은 파동이 순간적으로 자신이 공명하는 주변과 우주에 까지 좋은 영향을 주게 된다.

누구나 광대한 우주까지 똑같이 영향을 미치는 것은 아니다. 자신의 마음이 공명하는 우주까지 영향을 주는 것이다. 사람마다 공명하는 우주의 범위가 다르기 때문이다.

마음에 불안과 걱정이 많으면 마음의 물이 나쁜 파동으로 에너지를 잃게 되므로 육체의 활력이 떨어지게 된다. 이런 현상이 오래 계속되면 인체의 면역력과 자연치유력이 저하되어 건강을 잃을 수 있다. 그리고 자기의 나쁜 마음이 만든 물의 마이너스 파동은 가족, 사회, 국가에서 불화나 범죄 등을 만들어 낼 수 있다.

물은 이렇게 인간의 육체와 마음에 영향을 주어 인간이 성장, 발전하는 데 깊이 관여한다. 따라서 좋은 물을 만들고 마실 수 있는 충분한 물량을 확보하는 것은 개인의 문제를 넘어 국가 차원의 주요 과제가 되고 있다.

◉ 물의 기원과 육각수

인간의 생명활동에 가장 귀중한 역할을 담당하고 있는 물의 기원(起源)과 물의 구조는 어떠했는지에 관해 설명하고자 한다.

물의 기원(起源)은 우주이다

물의 기원을 주역(周易)에서 찾아보기로 하겠다. 주역은 우주의 법칙과 자연의 현상을 기초로 만들어졌으므로 물의 비밀이 주역 속에 담겨 있을 것이라고 필자는 생각했다. 주역에서 물의 심벌마크는 ☵ 이다. 이 심벌마크가 아래와 같이 차례로 변화하여 물을 의미하는 한자(漢字)인 수(水)가 되었다.

물의 심벌   물 : 수(水)

【주역의 심벌이 水로 변천된 과정】

위의 ☵ 는 주역의 8괘 중 하나인 물을 나타낸 것이다. 주역은 지금부터 3,000여 년 전에 중국의 주(周)나라에서 창제된 것으로 알려져 있다.

8괘는 물, 불, 하늘, 우레, 바람, 산, 땅과 못(澤)을 의미한다. 이들 8괘는 고대인들이 살아가면서 그 체험을 통하여 가장 위대한 힘을 가진 것으로 믿었던 것의 상징(象徵)이라 할 수 있다.

8괘 중 하나인 물을 나타내는 심벌마크는 지구적인 것이 아니고 우주의 운영원리를 표현하고 있는 우주적인 심벌마크였다.

주역의 8괘를 창제한 사람은 우주와의 일체감이 아주 높아 우주의 법칙에 정통했던 사람으로 추정된다. 물은 우주에서 만들어져 지구로 전달된 물질이다.

◎ 물의 원래 모습은 육각수였다

지구상의 물은 그 원천이 우주에서 유래한 것임을 주역에 근거하여 풀이하였다. 그러면 지구로 온 물의 원래 모습은 어떠했을까? 다시 주역의 심벌마크에서 그 해답을 찾아보겠다.

물의 심벌마크인 ☵의 가운데 부호 '━━'는 물의 핵심에 존재하는 변하지 않는 요소를 표현하고 있다.

☵의 상하 부호인 '━ ━'는 변하는 요소를 표현하고 있다. 물이 갖는, 변화하면서 자유롭게 흐르는 성질을 반영한 것이다. 물은 온도에 따라 액체, 고체, 기체로 바뀌며 담는 용기에 자유롭게 모양을 바꾸어 적응하는 유연성을 갖고 있다.

위의 설명을 그림으로 정리하면 다음과 같다.

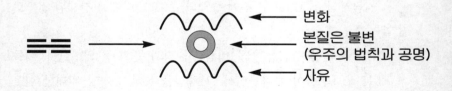

【물의 심벌이 의미하는 것】

◎ 물이 우주의 법칙을 만물에 전달한다

물이 표현하는 것 중에서 변하지 않는 요소가 갖는 의미를 생각해 볼 필요가 있다. 우주에는 불변하는 '우주의 법칙'이 정보로

존재하는 것이다. 불변하는 두 가지 즉 물의 본질과 우주의 법칙
이 서로 공명하게 된다. 태초에 지구의 물속에는 우주의 법칙이
파동으로 담기게 된다. 이것을 그림으로 나타내면 다음과 같다.

【물과 우주의 공명관계】

여기서 우주의 법칙이란 우주와 생명을 창조한 '위대한 존재'
의 의지(意志)라고 이해하면 된다. 물이 우주의 법칙을 정보의 형
태로 우주의 만물에 실어 나를 수 있다는 뜻이다. 이것은 곧 물이
생명을 탄생시키고 운영하는 핵심 역할이 가능한 이유이기도 하다.

그러면 물의 형태는 어떠했을까? 물이 우주의 생명정보를 수
신하는 가장 적합한 형태는 육각구조이다. 육각구조가 파동을 수
신하는 안테나 역할을 하기 때문이다.

주역의 8괘 중 하나인 물의 괘 ☵ 속에 물의 기원과 물의
특징이 함께 함축되어 있다. 물의 기원은 우주이고 물의 원형(原
形)은 육각수이다.

육각수가 갖는 육각구조를 다른 측면에서 설명해 보겠다. 육각
구조는 가장 탄탄하게 유지되는 구조이다. 자연 속에 있는 벌집과

같이 육각구조는 가장 치밀한 구조이기도 하다. 한편 동전을 나열하면 아래 그림과 같이 육각형 구조가 된다.

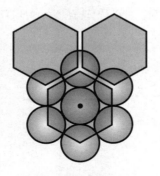

【자연 속의 육각구조】

한국이 낳은 세계적인 물 박사인 故 전무식 교수가 인체 내의 가장 건강한 물이 육각구조로 존재한다는 것을 슈퍼컴퓨터에 의한 시뮬레이션으로 밝힌 바 있다.

육각구조는 파동을 수신한다. 파동은 의식(意識)의 정보를 전달할 수 있다. 만물을 창조한 위대한 존재가 우주에서 물을 육각수로 만든 이유는 의미가 깊다고 생각한다. 위대한 존재가 육각수를 통해 그의 메시지를 파동의 형태로 만물에게 전할 수 있다.

◉ 물은 우주에서 파동의 형태로 지구로 운반되었다

우주에서 탄생한 물의 파동이 정보의 형태로 지구로 와서 지구에 물이 생긴 것이다.

물이 우주에서 지구로 이동할 때는 물방울이나 얼음의 형태가 아니라 파동의 형태였다. 물의 파동이 지구에 도달하여 입자화되어 액체 상태인 물이 된 것이다. 이를 그림으로 나타내면 다음과 같다.

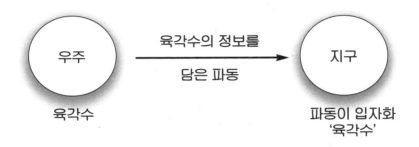

【물의 운반 형태】

우주에서의 물질 이동은 입자 상태가 아닌 파동 상태로 이루어진다. 우주에서는 육각수라는 물질의 형태와 내용을 정보로 바꾸어 파동으로 이동시킨다. 그리고 파동이 도달된 지점에서 정보가 물질로 변환된다. 우주에서의 공간 이동이 물질이 아닌 파동의 형태로 이루어진다는 개념은 이해하기 힘들 것이다. 그러나 양자역학의 세계에서는 이러한 이동 현상이 가능하다.

◉ 생명의 탄생과 육각수

생명의 탄생에 반드시 물이 관계되어 있다는 생각은 누구나 할 수 있다. 생명의 탄생이 이루어지는 메커니즘을 인간으로서 정확히 알기는 힘들 것이다. 필자가 파동을 연구하는 과정에서 직감으로 알게 된 것을 설명하고자 한다.

인간의 정자와 난자가 만나 수정되면 여자의 자궁 내에서 인체를 구성할 여러 물질이 준비될 것이다. 이때 우주의 '위대한 존재'가 순간적으로 창조파(創造波)를 자궁 내로 보내어 비로소 인간이라는 생명체가 만들어진다. 필자는 생명을 탄생시키는 핵심 파동을 창조파로 이해하고 있다. 그리고 생명을 탄생시킬 때의 창조파에는 육각수의 정보가 포함되어 있다.

여자의 자궁 내에서 10개월 만에 아기가 태어났다고 해서 시간이 생명을 창조한 것은 아니다. 인간의 생명이 탄생하는 데는 창조의 메커니즘이 반드시 존재한다.

이렇게 생명이 탄생하는 최후의 결정적인 순간에 우주의 창조파가 관여하므로 인간을 우주의 산물(産物)이자 소우주(小宇宙)라고 부르는 것이다.

◉ DNA 핵심에 포함된 미량의 육각수

우주에서 보내온 창조파 속의 육각수의 정보가 어떠한 역할을 하는가를 설명하고자 한다. 자궁 내에서 육각수 정보는 실질적인 육각수로 바뀌게 된다.

이 육각수의 작용으로 제일 먼저 혈액이 만들어진다. 혈액이 인체 내를 순환하면서 준비된 여러 물질은 뼈와 육체의 여러 가지 장기(臟器)를 만들게 된다. 혈액 속의 물은 6%의 육각수를 함유하고 세포의 구조는 육각구조를 띠게 된다.

이 과정에서 생명활동에 핵심적인 유전자 속의 DNA는 육각수를 미량 함유하게 된다. 육각수가 DNA까지 전달되는 과정은 다음과 같다. 육각수가 세포핵을 통과하면 세포핵에 있는 유전자까지 전달된다. 유전자 속에는 유전정보를 담은 물질인 DNA가 존재한다. 육각수는 최종적으로 DNA의 핵심에 극미량 흡수된다.

다시 말하면 DNA의 핵심에 육각수의 물과 우주로부터의 생명파동 정보가 동시에 전달되는 것이다. 이 과정을 그림으로 나타내면 다음과 같다.

【DNA에 육각수가 전달되는 과정】

이렇게 하여 우주에서 창조파가 운반한 육각수가 생명을 탄생시키고 생명활동을 시작하게 한다. 인체 내에서 일어나는 생명활동을 최첨단의 과학이나 기술로는 절대 재현할 수 없을 것이다. 인체는 전지전능한 '위대한 존재'의 축소된 게임을 하고 있다고 말할 수 있다.

인간이 소우주라는 개념은 생명의 탄생에만 국한된 것은 아니다. 우주와의 계속적인 연관성을 그 속에 내포하고 있다고 생각한다.

인체와 우주와의 연관성이 무엇일까? 필자는 그것이 DNA의 핵심에 들어 있는 미량의 육각수에 그 역할이 있다고 본다. 그 DNA와 위대한 존재와의 연락이 언제나 파동을 매체로 이루어지고 있는 것이다. 이렇게 육각수는 생명의 탄생에 핵심적인 역할을 하고 있다. 이를 그림으로 나타내면 다음과 같다.

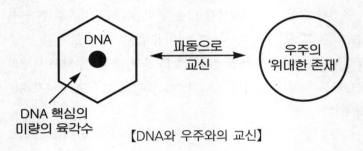

【DNA와 우주와의 교신】

육각수가 우주의 파동과 언제나 교신하고 있음을, 현대의학이나 생명과학은 마음을 열고 이해할 필요가 있다. 인간의 유전자는 생명정보를 담는 그릇에 불과하다. 우주의 파동이야말로 유전자라는 그릇의 내용물이며 DNA를 실질적으로 움직이는 생명의 실체인 것이다.

◉ 육각수에는 플러스 파동만 녹아 있다

인간의 생명이 탄생되는 순간 DNA 속에 육각수가 미량 함유된다고 설명한 바 있다. DNA의 핵심에 있는 미량의 육각수의 함량은 사람에 따라 차이가 있으며, 건강한 DNA에는 육각수가 존재하지만 암세포가 있는 DNA 속에는 육각수가 존재하지 않는다.

생명 내부(Higher Self)로부터의 혁명

DNA 속에 육각수가 있다는 것은 파동의 공명에 의해 DNA에 우주의 생명정보가 파동으로 녹아 있다는 말과 같다. 육각수 속에는 어떤 정보가 들어 있기에 생명력을 활성화시키는 것일까?

육각수 속에는 생명력을 활성화시키는 플러스 파동이 함유되어 있다. 육각수에는 우주의 법칙에 공명하여 우주의 생명정보가 녹아 있다. 플러스 파동은 바로 우주의 생명정보 속에 들어 있는 것으로 파동공명에 의해 육각수로 옮겨진 것이다. 우주의 최고의 파동이 육각수에 담겨 있는 것이다.

인간을 탄생시킨 우주의 위대한 존재가 인간의 생명을 지켜 주는 것은 어쩌면 자연스러운 것일 수 있다. 어버이가 자식을 잘 살아가도록 보살펴 주는 것과 같은 이치이다. 플러스 파동은 인체 내의 마이너스 파동인 마이너스 유전자를 정화하는 힘이 있다.

인체 내의 수많은 마이너스 유전자 때문에 인간은 병들고 재난을 당한다고 설명한 바 있다. 인체의 마이너스 유전자 때문에 생명력이 떨어진다. 태초에 생명이 탄생할 때 가졌던 생명력을 회복시킬 수 있는 확실한 수단이 바로 육각수 속에 포함된 플러스 파동이다. 플러스 파동 때문에 육각수는 생명력을 활성화시키는 소중한 기능을 갖는다.

◉ 세계의 큰 변화와 육각수

물에는 마음이나 염원이 이입(移入)되기가 쉽기 때문에 쾌유를 빌거나 풍년을 기원하는 등 각종 기도 때 사람들은 물을 이용했다. 원래

물은 이렇게 정보를 쉽게 담을 수 있으며 정보를 기억하기도 한다.

물에는 그 시대의 사람들의 의식, 문화, 과학, 기술, 역사 등 모든 정보가 파동으로 각인되어 기억된다. 물은 인류와 지구, 우주의 역사를 다 기억하고 있다.

육각수는 일반 물과 달리 기억한 것을 창조적으로 활용하도록 인간의 의식에 작용한다. 인간이 기억하는 것만으로는 발전할 수 없다. 육각수가 의식에 영양분과 같은 작용을 하는 것이다. DNA에 미량 들어 있는 육각수는 인간의 창조활동에 기여하고 있다.

르네상스, 산업혁명 등과 같은 인류역사의 큰 사회적 변혁에 육각수가 어떻게 관계하고 있을까?

르네상스는 14~16세기에 걸쳐 유럽에서 일어난 문예부흥 운동이다. 레오나르도 다빈치, 미켈란젤로, 셰익스피어 등의 대가들이 활동했으며 휴머니즘과 자연에 대한 탐구로 발전하여 종교개혁으로 연결되었다.

산업혁명은 1760년~1830년에 영국에서 출발하여 근대자본주의 내지 산업사회를 성립하는 큰 전환점이 되었다. 이 시기에 영국에서는 방적기, 증기기관과 증기기관차가 발명되어 산업사회를 세계적으로 촉발시켰다.

이러한 두 가지 세계적 변혁을 주도하는 인간에게 필요한 지혜와 창조력은 DNA 핵심에 있는 미량의 육각수가 매개한 것이다. 그림에서와 같이 우주의 창조파가 DNA 핵심의 육각수에 정보를 전달하는 것이다. 그렇게 전달된 우주의 정보가 파동공명의 작용으로 인간에게 지혜와 창조력을 제공하게 된다.

르네상스와 산업혁명은 그 당시의 시대적, 사회적 요청과 일부 뛰어난 인간의 노력에 우주의 절대적 협력이 있었다고 생각한다.

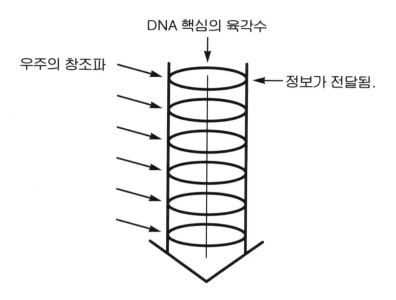

【사회 대변혁기의 육각수의 역할】

　　인류의 역사상 유명한 기업가, 과학자, 예술가들의 아이디어나
영감(inspiration)도 우주로부터 똑같은 메커니즘으로 그들에게
주어진 것이다. 21세기의 정보혁명이나 생명과 비즈니스의 혁명도
인간과 우주의 협력 속에서 일어난다고 봐야 된다. 육각수는 이렇
게 인간의 삶과 역사에 깊숙이 개입되어 있다.

◉ 인간의 나쁜 마음이 육각수를 파괴하였다

지구상에서 만들어진 육각수는 지금까지 그 형태를 유지하고 있는가? 궁금하고도 중요한 질문이다. 육각수는 인간에 의해 대부분 파괴되었다.

인간에게는 발전하려는 상념(想念)이 있는 반면 나쁜 마음 즉 사념(邪念)도 있다. 발전하려는 인간의 상념으로 문명의 발전과 문화의 번영이 이루어졌다. 한편 상대방을 정복하여 자기 영역을 넓혀 가려는 이기심과 욕심이 사념 중의 하나이다. 전쟁, 살인, 테러를 통해 자기 욕망을 채우는 사람이 있다. 돈과 권력의 힘을 무리하게 동원하는 경우도 있다. 전 세계에서 종교로 인한 분쟁도 끊이질 않고 있다.

◉ DNA 핵심에 남아 있는 육각수

육각수에는 인간의 상념이 그대로 각인되고 축적된다. 자기 욕심으로 남을 파괴하는 상념이 물에 그대로 각인되면 물의 생명력이 파괴된다. 생명력이 파괴된 물은 이미 육각수가 아니다. 이렇게 해서 원래 지구상의 육각수는 대부분 파괴되어 버렸다.

인간의 나쁜 마음 때문에 지구상의 육각수가 대부분 파괴되었다고 하면 놀랄 것이다. 그만큼 나쁜 마음의 파동은 가공할 만한 위력을 갖고 있다. 지구상의 극히 소수의 장소에서 땅 밑으로 흐르는 육각수 외에는 전부 파괴되었다.

육각수가 파괴되었기 때문에 지구의 물에는 마이너스 파동이 높아졌다. 인류는 오랫동안 에너지가 떨어진 물을 음용해 왔지만 인체의 오직 한 곳, DNA 핵심에는 육각수가 보존되어 있다.

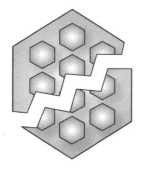

인간의 나쁜 상념이
육각수를 파괴하였다.

【육각수의 파괴】

인간의 DNA 핵심에 보존된
미량의 육각수

【DNA에 미량 남아 있는 육각수】

다시 말하면 인체 내의 DNA 핵심에 미량으로 남아 있는 육각수가 전부인 것이다. 왜 이 육각수는 남아 있을까? 우주의 위대한 존재가 인간과의 파동매체로서 DNA 핵심의 육각수를 보호하고 있다고 생각한다. 우주와 인간이 육각수를 통로로 계속 정보를 교신하고 있는 것이다.

◎ 계속되는 물의 오염

인류가 문명을 시작한 이래 무수한 전쟁으로 파괴와 건설이 되풀이되어 왔다. 비교적 평화가 지속된다는 지금에도 물질적 욕망으로 물의 오염은 계속되고 있다. 물의 생명력을 오염시키는 근원은 대부분 인간의 나쁜 마음이다. 전체 오염의 약 80%가 인간의 나쁜 마음이 빚어낸 영적(靈的) 오염이라 할 수 있다.

나머지 20%가량이 인간이 저지른 물질적 오염이 가져온 것이다. 화학물질, 생활오수 및 쓰레기 등으로 물을 오염시키는 경우이다. 물질적 오염의 극치는 원자핵 실험이다. 바다에서나 지하에서 핵실험을 행하면 그곳의 생명력은 마이너스로 되어 버린다.

물질적 오염도 인간의 나쁜 의식이 만든다. 그래서 인간의 영적 오염이 약 80%나 된다는 것이다. 육각수가 파괴된 지금에도 인간에 의한 물의 영적 오염과 물질적 오염은 계속되고 있다. 인간이 마실 수 있는 물의 양은 계속 줄어들고 물이 갖는 파동도 나빠지고 있다.

인간과 지구는 물의 파동으로 서로 연계되어 있다. 이런 관계를 홀론(holon)이라고 한다. '지구라는 우주 속에 인간이 있고 인간이라는 소우주 속에 지구의 생명정보가 그대로 담겨 있는 것'이다. 물의 파동이 좋아지면 인간의 세포가 활성화되므로 인간의 생명력이 활성화된다. 물의 파동은 지구의 생명력을 활성화시킨다. 물의 파동이 극도로 떨어져 있는 지금은 지구의 파동 역시 떨어지기 마련이다. 지구의 파동이 떨어지면 지구상의 생명체의 파동도 떨어진다.

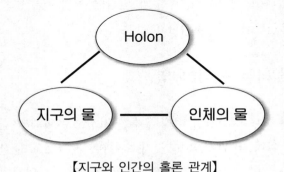

【지구와 인간의 홀론 관계】

생명 내부(Higher Self)로부터의 혁명

인간의 마음을 회복시켜 영적 오염을 줄여 갈 방법은 무엇일까? 그 길은 인간의 마음속에 있는 마이너스 유전자를 줄여 가는 데 있다. 자세한 내용은 제4장을 참조하기 바란다.

◉ 인체에 좋은 물의 조건

물이 생명의 활동에 깊게 관여하다 보니 물에 대한 관심이 커지고 이에 발맞춰 여러 종류의 기능수가 상업화되어 판매되고 있다. 기술의 춘추전국시대인 것처럼 갖가지 기능을 내세운 물이 상품화되어 쏟아져 나오고 있다. 이럴 때일수록 좋은 물을 골라 음용하는 것이 건강을 지켜 주는 지혜이다.

언젠가 TV에서 물에 관한 해설자가 나와 '물은 마실 수 있으면 건강에는 별 차이가 없다'고 말한 적이 있으나 이것은 틀린 말이다. 물은 종류에 따라 인체 내의 작용에 차이가 있으며 그리고 음용하는 기간이 길어질수록 그 차이가 주는 건강에 대한 영향은 적지 않다.

세계보건기구(WHO)는 인간이 좋은 물을 마시는 것으로 질병의 80%가량을 해결할 수 있다고 발표한 바 있다. 그러면 좋은 물이란 어떤 조건을 갖추어야 하는가?

◉ 좋은 물의 여섯가지 특성

1. 중금속 및 박테리아가 없는 깨끗한 물
2. 물의 집단(cluster)이 작은 물
3. 미네랄(Ca, Mg, Na 등)을 함유하고 있는 물
4. 항산화성을 갖고 있는 물
5. 육각구조의 물
6. 파동(波動)을 지니고 있는 물
   - 1~4는 각종 물이 부분적으로 가질 수 있다.
   - 5~6은 파동육각수 등 극소수의 물이 이에 해당된다.
   - 1~6의 성질을 전부 고루 갖추고 있는 물은 지구상에서 극히
소수의 물뿐이다.

요즘 TV, 신문 등에서 특정 물에 관해 홍보하는 것은 좋은 물의 일부 조건이지 전부가 아니라는 인식을 새롭게 할 필요가 있다. 예를 들면 해저심층수는 미네랄이 풍부하고, 환원알칼리이온수는 항산화성을 강조하고 있다. 이들은 좋은 물의 필요조건이지 충분조건은 아니다. 즉 물이 갖는 한두 가지의 조건으로 좋은 물이 되는 것은 아니다. 시중에서 판매되는 물이 상기 조건을 다 갖출 수는 없지만 이 중에서 세 가지 이상만 갖추어도 좋은 물이라 할 수 있다. 만약 어떤 물이 위의 여섯 가지 조건을 균형 있게 갖추고 있다면 가장 좋은 물이 된다.

좋은 물이 갖추어야 할 주요 사항에 관해 요점만 설명하겠다.

미네랄

미네랄은 인체 내에서 파동의 작용을 촉진하여 몸 전체 기능의 균형을 유지하는 데 도움을 준다. 어떤 특수한 약이 하나의 장기(臟器)에 영향을 주면 다른 장기에 무리가 오는데 이를 약의 부작용이라고 한다. 미네랄은 이러한 부작용을 완화 내지 억제하는 역할을 한다. 특수한 파동육각수는 파동수이므로 미네랄의 파동작용을 추가적으로 상승시켜 체내의 균형을 더욱 높여 준다. 물속에 Ca, Mg, Na, Si, K 등 다량의 미네랄 성분이 미량씩 섞여 있는 것이 좋은데, 이는 기본적으로 흙(土壤) 속에 함유된 미네랄이다. 따라서 자연생수나 암반수는 거의 미네랄을 고르게 함유하고 있다.

항산화성(抗酸化性)

각종 음식물과 공기를 통해 들어온 잉여산소가 체내에 주는 유해작용을 완화시키는 작용을 항산화성이라 일컫는다. 환원알칼리수는 수돗물이나 지하수를 전기분해하여 얻어지는 물로서 수소이온이 함유되어 항산화성을 갖는다고 한다. 그러나 물에 함유된 수소와 같은 화학성분이 갖는 항산화성은 수소이온의 함량과 관계가 있으므로 한계가 있다. 특수한 파동육각수는 파동의 공명에 의해 세포가 활성화되어 면역력이 높아지면서 항산화성을 갖게 된다.

클러스터가 작은 물

물은 분자 상태가 모여 집단 즉 클러스터(cluster)를 이루고 있으므로 작은 집단의 물이 큰 집단에 비해 좋다. 작은 집단일수록 세포에 흡수가 잘되고 접촉 면적이 넓어 파동의 효과도 그만큼 증대된다.

육각구조의 물

육각수가 생명활동에 얼마나 중요한지는 파동육각수 항목에서 충분히 설명할 것이다.

파동을 지니고 있는 물

인체가 파동의 집합체이고 파동의 힐링작용을 이해하면 파동을 지닌 물이 좋은 물이라는 것은 쉽게 인식할 것이다. 파동에 생명정보가 들어 있으므로 파동과 생명은 떼어 놓을 수 없는 밀접한 관계이다.

한편 우리가 마시는 물은 상당히 오염되어 있으므로 나쁜 파동까지 정제되어야 안심할 수 있다. 특수한 파동육각수는 파동의 공명 작용에 의거해 오염파동까지 정화시킬 수 있어 안심하고 마실 수 있다. 좋은 물의 조건을 그림으로 나타내면 다음과 같다.

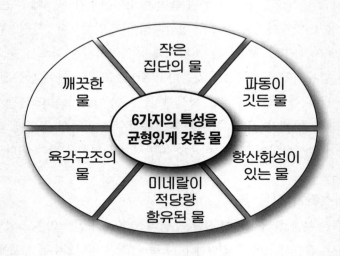

【좋은 물의 조건】

생명 내부(Higher Self)로부터의 혁명

좋은 물의 조건으로 약알칼리성을 주장하는 사람이 있다. 약알칼리성 물이 좋다는 근거로, 물이 약알칼리성이라야 육체가 산성화되는 것을 방지할 수 있다고 주장한다. 한편 인간이 마시는 차(tea)나 과일음료 등은 거의 전부가 산성을 띠고 있는 바, 똑같이 그들 음료가 인체에 나쁘다고 하는 것은 문제가 있다.

물의 경우 산성도(酸性度)를 나타내는 pH 숫자로 좋고 나쁨을 구별하여 인간에게 스트레스를 주는 것은 좋지 않다. 물은 강산성이나 강알칼리가 아니면 건강에는 관계 없다. 좋은 물의 선택은 건강과 직결되므로 깊이 이해할 필요가 있다.

물을 마시는 요령

물은 생명을 구성하는 물질이다. 물은 그만큼 귀중한 존재이다. 물을 마시기 전에 물에 대한 감사한 마음을 갖고 즐겁게 마시도록 해야 한다. 물을 급하게 마시지 말고 천천히 입 안에서 씹어 먹는 기분으로 아래의 요령을 참조하여 마시는 것이 좋다.

▶ 아침 기상 후 : 약 150cc가량의 물을 천천히 마신다.
아침식사 전에 마신 물은 수면 중 땀으로 나간 수분을 보충해 주고, 밤새 위장에 쌓인 노폐물을 배출시키며, 위장을 미리 운동시켜 식사에 준비하도록 한다.
▶ 매 식사 30분 전후에 물 한 컵을 마신다.
위장의 연동작용을 돕고 소화작용을 원활하게 한다.
▶ 저녁 취침 직전에는 물 섭취를 삼간다.
물을 마시면 인체의 내장(內臟)이 휴식을 취하지 못하기 때문이다. 잠을 깬 후 혹은 새벽에라도 물이 필요한 사람은 물을 마셔도 좋다.

물을 얼마나 마실 것인가?

물을 마시는 양은 그 사람의 활동량, 식사습관에 따라 차이가 있지만 하루에 1.5ℓ 정도의 물을 마시는 것이 좋다. 아래 그림에서 표시한 것과 같이 인체에서 나가는 양과 식사 등을 통해 들어오는 양의 차이가 하루에 섭취해야 할 물의 양이다.

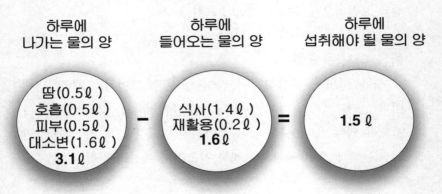

【하루에 필요한 물의 양】

그림에서 재활용 물이란 체내에서 탄수화물, 단백질, 지방 등의 각종 영양소가 연소하여 에너지를 발생할 때 생성되는 수분을 말한다. 1일 1,800kcal의 에너지를 사용하는 사람은 체내에서 약 200cc의 물이 생성된다.

어떤 사람은 평소에 과일을 많이 먹으므로 별도의 물을 적게 섭취해도 된다고 생각할 수 있다. 그러나 마실 수만 있으면 하루

생명 내부(Higher Self)로부터의 혁명

에 1.5ℓ 혹은 그 이상을 마시도록 습관을 들이는 게 좋다.

병원을 찾아오는 사람 중의 상당수가 평소에 물을 잘 마시지 않는다고 한다. 담배, 술, 커피 등의 과음으로 몸의 수분이 밖으로 빠지면 탈수가 촉진되어 건강에 적신호가 온다.

체중의 1%에 해당하는 물이 빠져나가는 경우를 탈수라고 한다. 1% 정도의 탈수는 인식하지 못하는 경우가 있는데, 모르는 상태에서 탈수가 진행되면 업무 처리 능력 등이 저하된다. 좋은 물을 충분히 마시면 건강과 아름다움을 동시에 유지할 수 있다.

◉ 세계 속의 힐링워터와 육각수

자연에 존재하는 물이 치유 능력을 가진다면 그것은 자연이 인간에게 준 큰 선물이 될 것이다. 세계적으로 이러한 기적의 물이 있는 지역이 몇 군데 알려져 있다. 치유 능력이 있는 물이므로 힐링워터(healing water)이다. 치유 효과가 오랫동안 알려져 있는 자연의 물이라면 그 물은 육각수일 가능성이 아주 높다. 지구상의 태초의 물의 형태는 육각수였으나 인간의 나쁜 상념으로 지구상의 육각수는 대부분 파괴되었다고 필자가 설명했다.

세계에서 육각수가 지하에 부분적으로 흐르고 있는 곳은 아래의 네 곳으로 알려져 있다.

- 대한민국의 백두산 지하
- 일본의 후지산 지하

- 중앙아시아의 바이칼 호수의 지하
- 프랑스의 루르드 지방의 지하

네 곳 이외에도 소량의 육각수가 흐르고 있는 곳이 있으리라고 생각한다.

위에서 소개한 네 곳 중에서 현재 방문자가 줄을 잇고 있는 루르드 샘물은 육각수를 30%가량 함유하고 있는 자연수이다. 루르드 샘물과 영국의 챌리스 샘물에 대하여 지금부터 자세히 설명하도록 하겠다. 챌리스 샘물은 위의 네 곳에 들어 있지 않지만 육각수가 흐르는 샘물 중 하나이다.

◉ 프랑스 루르드 샘물

2003년 4월 1일 KBS는 『특별기획 다큐멘터리 ─ 생로병사의 비밀: 건강의 묘약 '물'』에서 기적의 물로 루르드 샘물을 소개한 바 있다. 파리로부터 남서 방향으로 800km 떨어진 피레네 산맥의 기슭에 위치한 루르드 마을은 인구 15,000명의 작은 도시이지만, 이곳의 성당에는 연간 600만 명의 사람들이 몰려들어 물을 가져간다고 한다.

기록에 의하면 1858년에 14세의 소녀가 이곳 나사비엘 동굴에서 성모마리아가 출현한 것을 보고 그곳을 파자 샘물이 솟아난 것이 루르드 샘물의 시초이다. 그후 가톨릭에서는 루르드 샘물을 성수(聖水)로 지정하여 관리하고 있다.

특히 1971년 미국의 뉴스위크지에 미국의 3세 소녀가 이 물을 마시고 신장암을 치료했다는 소식이 게재되면서 기적의 물로 유명해졌다.

루르드에서는 성당 안에 요양원이 있어, 전 세계에서 모여든 불치의 환자들로 북새통을 이룬다. 그 가운데 질병이 완치된 갖가지 기적의 치유 사례가 7,000여 건 보고되고 있다. 루르드 의료국에서는 치유했다고 주장하는 사람들을 장기간 엄격히 검증한 결과 완전 치료사례 1,066건을 확보하고 있다. 완전 치료된 질병으로는 다음과 같은 것이 있다.

> 반신 · 전신 마비증세, 암, 시각장애, 결핵,
> 신경장애, 심각한 염증, 심장질환 등

12년간 반신마비 증세로 고생하던 장피엘밸리 씨는 루르드 요양원에 기거하면서 물을 음용한 지 3년이 되었을 때 기적적으로 호전되어 휠체어를 버리고 정상적으로 활보할 수 있게 되었다고 한다. 그가 전하는 바로는, 어느 날 다리에서 따뜻한 기운이 감지되었고 이 기운이 점점 전신으로 퍼져 나가면서 침대 위에 걸터앉을 수 있게 되었으며 급기야는 정상적인 활동이 가능했다고 한다.

루르드 샘물의 기적의 이유

일본인 물 과학자는 그의 저서에서 루르드 샘물에 게르마늄(Ge)이 함유되어 있다고 주장했다. 그 후 프랑스 연구기관이 수질을 분석한 결과는 '무색, 무취, 미네랄 함유'만 확인되었을 뿐 게르마늄 성분은 발견되지 않았다.

KBS 취재진이 분석한 결과도 물속의 게르마늄 함량이 0.1mg/ℓ 이하로 거의 없는 것으로 확인되면서 그 일본인의 주장은 근거가 없는 것으로 판명되었다.

1912년 노벨생명의학상을 수상한 카렐 박사가 1902년부터 루르드 샘물의 기적의 베일을 벗겨 보겠다고 연구를 시작했지만 초기에 포기하고 말았다.

그가 연구한 내용을 담아 쓴 책을 살펴보면, 그는 젊은 의학도로서 루르드 샘물의 기적을 규명하는 과정에서 출세의 위험을 느꼈고 기적의 원인은 꼭 있을 테니 모든 가능성을 열고 연구해야 된다고 후세의 연구자들에게 말하고 있다.

루르드 샘물이 난치병 환자들에게 마지막 희망으로 남겨진 지난 100여 년간, 연구자들의 결론은 "루르드 샘물에는 자연의 치유력이 존재하지만 과학적, 의학적으로 그 메커니즘을 명쾌하게 해석하는 것은 힘들다"는 것이다. 이상이 KBS 취재진이 장기간에 걸쳐 루르드 샘물을 조사한 결과라고 매듭지었다.

필자는 루르드 샘물이 갖는 기적의 효능이 육각수의 힐링효과에 있다는 사실을 비전(秘傳)되는 정보에 의해 알고 있었다. 즉 루르드 샘물은 육각수를 일부 포함하고 있다. 노벨의학상까지 수상한 석학이 현대과학의 잣대로 벗길 수 없는 것이 육각수의 세계이다.

그러면 육각수의 존재는 어떻게 증명할 수 있나? 물을 0℃ 이하로 얼려서 얼음결정을 찍으면 육각구조가 나올 수 있는데, 이는 물속에 육각구조가 정보로 존재한다는 간접적인 증명에 지나지 않는다. 육각수의 본질을 확인하는 방법은 직접 음용하여 몸과 마음으로 체득하는 수밖에 없다.

생명 내부(Higher Self)로부터의 혁명

루르드 샘물로 치유된 세계의 수많은 난치병 환자들의 치료 결과가 결코 우연일 수는 없다. 기계로 측정되는 결과로는 루르드 샘물 역시 일반 자연수와 다를 바 없지만 그 물은 육각수였다.

루르드 샘물의 파동이 인체에 들어오면 인체 내의 병적인 마이너스 파동을 정화하여 몸 밖으로 내보내고 생명력을 회복시키는 힐링(Healing)의 작용으로 각종 질병이 개선되는 것이다. 루르드 샘물은 약은 아니지만 음용했을 때 여러 가지 난치성 질병이 치유되는데 이것은 파동육각수가 나타내는 인체의 작용과 같다.

KBS에서 루르드 샘물의 치유 효과는 인정하되 메커니즘을 밝히기는 힘들었다. 엄연히 존재하는 루르드 샘물의 효능과 기적에 관해 현대과학으로 설명할 수 없다고 하여 무시하거나 비과학적으로 다루어서는 안 된다. 이와 같은 분야가 파동과 힐링의 과학세계이다. 루르드 샘물이 솟아나는 한 그 샘물을 통해 기적을 경험할 사람들이 우리 주변에는 많기 때문이다.

나중에 소개할 특수한 파동육각수가 무수히 많은 체험사례를 갖고 있으므로 제2, 제3의 루르드 샘물처럼 인류에게 도움을 줄 수 있는 시기가 앞당겨지리라 기대하고 있다.

◉ 영국 챌리스 샘물

챌리스 샘이 위치한 곳은 영국 서머세트 주 글라스톤베리(Glastonebury, Somerset, England)로, 영국에서 기독교의 탄생지로 알려진 곳이다. 한편 이곳에서는 서기 38년경에 최초로 세례가 이루어졌다는 기록이 있다.

요셉(St. Joseph of Arimathaea)이 예수의 마지막 만찬에서 사용한 두 개의 성배(聖杯, Grail)에 예수의 피와 땀을 담아 글라스톤베리로 갖고 와서 이곳 챌리스 언덕(Chalicehill)에 묻었다는 미확인 전설이 있다. 그리고 전설의 아더 왕(King Arther)의 무덤이 이곳 챌리스 언덕에 있다는 말도 전해진다. 챌리스 언덕은 지상으로부터 165m의 높이인데, 챌리스 샘은 바로 그 언덕 밑에 있다.

【기적의 챌리스 샘물】

챌리스(Chalice)의 의미는 '술을 따르는 잔'으로 예수의 성배(聖杯)를 암시하고 있다. 챌리스 샘은 기록상으로는 800여 년의 역사를 간직하고 있으며(훨씬 이전부터 물이 있었다고 전해진다) 이 샘물은 주로 세례와 치유의 목적으로 사용되어 왔다.

특히 1582년, 수학자이면서 천문학자인 존 디 박사(Dr. John Dee)가 글라스톤베리에서 샘물을 맛보고 만병통치약을 발견하였다고 선포한 적이 있었으나, 물의 구체적인 효험에 관해서는 남아 있는 기록이 없다.

그리고 마튜라는 대학총장(Matteu Chancellor)이 18세기 중반에 꿈을 꾸었는데, 일요일에 연달아 일곱 차례 이 물을 마시면 그가 앓고 있던 천식이 나을 것이라는 내용이었다. 꿈의 내용대로 물을 마신 결과 천식이 깨끗이 치유되었다. 이 사실이 알려지고부터 기적의 치유의 물(healing water)로 소문이 나 인근 마을과 외국에서 많을 때는 하루 10,000여 명이 모여들었다고 한다.

1751년에는 판사 앞에서 진실을 고백한 여러 사람들이 치유 사례집을 발간하였는데 질병 가운데는 장님, 궤양, 귀머거리 등 불치로 알려진 것까지 포함되어 있었다.

이 샘의 물은 현재 일일 90여 톤씩 나오고 있으며 1921년 ~1922년의 극심한 가뭄에도 물이 나와 마을의 식수원으로 사용되었다. 현재는 이 샘물이 나오는 곳을 정원으로 꾸며 이 일대를 관광지로 개발해 놓고 있다. 이곳은 신성한 지역으로 지정되어 사람들이 경배하고 있으며 이곳에서 나오는 물을 세례의 물로 이용하고 있다. 이 샘물은 18세기경에 있었던 신비한 치유 사례가 전해지긴 하지만, 떠들썩하지 않고 조용한 편이다.

그러면 챌리스 샘물의 치유 효능은 무엇 때문일까? 필자의 견해로는 챌리스 샘물 역시 부분적인 육각수가 포함된 물이다. 그 이유는 원래 기독교의 세례에 사용된 물은 육각수였기 때문이다. 육각수에는 우주의 생명에너지가 파동으로 녹아 있으므로 세례의 목적으로는 가장 적합하다. 지금은 세례에 육각수를 사용하지 않지만 육각수의 베일이 벗겨지고 이해가 될 때 다시 사용하게 되리라 생각한다.

필자는 1995년 가을에 이곳을 방문하여 샘물을 마셔 보았으며 아더 왕의 무덤인 챌리스 언덕과 근교의 스톤헨지(Stonehenge)

를 방문한 적이 있다.

【챌리스 언덕의 필자】

◎ 육각수에 얽힌 비밀

　프랑스의 루르드 샘물이나 영국의 챌리스 샘물이 알려진 배경에는 모두 종교적인 이야기가 관련되어 있다. 루르드 샘물에는 성모 마리아, 챌리스 샘물에는 예수 그리스도와 관련된 역사적인 전설이 전해진다. 두 샘물의 기적의 배경에는 육각수가 등장하고 육각수는 우주의 생명에너지가 녹아 있다는 설명을 주목할 필요가 있다. 육각수에 얽힌 비밀 중 필자가 비전(秘傳)으로 알고 있는 몇 가지를 추가로 설명해 볼까 한다.

　인류의 기원에 얽힌 창세기에 모세가 홍해를 건널 때 바다가

갈라지는 기적이 발생하였다. 물이 갈라지는 기적은 어떻게 일어날 수 있었을까? 당시 모세는 이스라엘 민족을 이집트로부터 새로운 곳으로 구출하는 과정에서 이집트 군대의 추격을 받아 홍해를 건너지 못하면 몰살 당하는 위기의 순간에 있었다.

모세가 우주 전능자의 협조를 받아 홍해의 물을 육각수로 만들고 육각수에 간절한 소망을 파동으로 전하자 육각수로 바뀐 바닷물이 스스로 갈라진 것이다. 이렇게 육각수는 인간의 소망을 현실화하는 힘을 가지고 있다.

석가모니가 6년의 산중고행(山中苦行)을 마치고 심신이 극도로 쇠약해진 상태에서 하산할 때 어떤 여인이 쌀로 만든 미음을 석가에게 권하여 먹었다고 전해진다. 그 미음 속에는 육각수의 파동이 들어 있어 석가의 의식에 우주의 의식이 그대로 공명하여 순간적으로 깨달음을 얻게 된다. 6년간의 산중고행으로 깨달음의 경지에 도달한 석가모니가 육각수 파동으로 우주와의 일체감을 얻었다고 이해하면 될 것이다.

예수가 십자가를 지고 고통스럽게 골고다 언덕을 향할 때 길가에 있던 어떤 여인이 예수에게 물을 권하여 마셨는데, 그 물에도 공명에 의해 우주의 에너지가 들어 있었다고 한다. 우주의 파동의 특유한 힘에 의해 예수는 자신을 배반한 제자와 유태인을 용서하고 그들을 사랑하는 마음이 생겼다고 전해진다. 평소에 갖고 있던 예수의 사랑이 육각수가 연결해 주는 우주와의 일체감으로 승화한 것으로 이해하면 될 것이다. 우주는 물을 통해 지금도 인류에게 생명, 건강, 행복을 선사하고 있다.

제6장

파동육각수의 탄생과
산업에의 응용

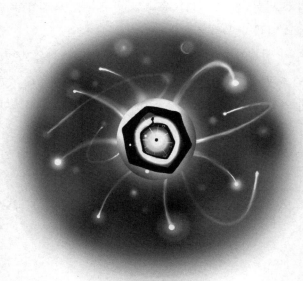

6. 파동육각수의 탄생과 산업에의 응용

이제까지 육각수가 갖는 중요성과 의의를 개괄적으로 살펴보았다. 인간의 사념(邪念)으로 인해 육각수는 지구상에서 거의 사라져 버리고 극소수의 지역에 지하수로만 남아있는 것으로 알려져 있다. 비록 지상의 육각수는 파괴되었지만 인체의 DNA 핵심에 존재하는 미량의 육각수는 그대로 남아 있다. 이 육각수가 우주의 파동과 공명하면서 인체의 생명활동에 깊이 관여하고 있는 것이다.

필자는 1995년에 파동육각수를 최초로 개발하여 경기도 양평에 생산공장을 운영하고 있다. 육각수를 대량으로 생산할 수 있는 기술이 확립된 것은 인류의 건강과 행복의 관점에서 특기할 만한 일이다.

파동육각수 속에 함유된 우주의 파동이 갖는 특별한 작용은 인체뿐만 아니라 상품과 산업계 전반에 변혁을 예고하고 있다. 육각수가 갖는 무한한 가능성에 마음을 열고, 탐구하고, 활용하면 건강과 새로운 비즈니스가 보일 것이다.

◎ 레민다 파동육각수의 탄생

1995년, 100℃로 끓여도 안정된 구조를 유지하는 육각수를 개발한 필자는 이 물을 레민다 파동육각수(이하 파동육각수로 표기한다)라 명명하였다. 레민다(Reminda)는 "두 개가 하나로 된다"는 뜻을 가진 고대 역사어로 "하늘의 에너지"와 "땅의 에너지"가 하나로 되는 천지화합(天地和合)을 의미한다.

◉ S.C.B.E의 발명으로 육각수 개발에 성공하다

필자는 1995년 생명과 파동공명의 원리를 최초로 발표하고 이를 응용하여 육각수 제조 장치인 S.C.B.E(super cosmic bio energizer)를 개발하는 데 성공했다. 개발 과정을 간략히 소개하면 다음과 같다.

인간의 세포가 파동이면서 70% 이상이 물로 구성되어 있으므로, 물을 파동화시키면 인간이 겪는 각종 건강 문제를 해결할 수 있는 실마리를 얻을 수 있다는 생각이 들었다.

그러기 위해서는 물의 구조를 육각구조로 만드는 것이 선결 과제였다. 육각구조가 우주공간에 충만한 생명에너지 파동을 끌어들이는 안테나 역할을 하기 때문이다.

현대과학의 물 이론에서는 육각구조가 0℃ 이하의 낮은 온도에서 순간적으로만 존재한다. 더구나 낮은 온도에서 육각구조가 만들어지더라도 36.5℃의 인체에 흡수되면 온도 때문에 육각구조가 파괴되어 버린다.

이러한 문제점을 해결하기 위해서는 현대과학의 물 이론을 뛰어넘는 새로운 기술이 개발되어야 한다. 그러한 새로운 물은 체온인 36.5℃에서도 육각구조가 안정되어야 세포 속에서 파동의 작용을 일으킬 수 있다.

⬡ 끓여도 육각구조가 유지되는 세계 최초의 육각수

물은 끓여 마시거나 요리에 섞기도 하고 과즙을 희석하여 음료로 제조될 때도 사용된다. 이때의 물은 90℃ 전후의 고온살균에서도 육각구조가 파괴되지 않아야 한다.

이러한 이유로 체온은 물론 끓여도 육각구조가 유지되는 물을 개발해야 한다. 이러한 육각수는 이제까지 지구상에서 확인된 바가 없다.

한국이 낳은 세계적인 물의 권위자 故 전무식 박사는 자화수(magnetized water)가 육각수라고 주장하지만, 필자의 목표에 맞는 육각수는 될 수 없었다.

필자는 자화시스템에 또 다른 시스템을 추가하여 두 시스템의 상승작용을 통해 온도와 무관한 육각수를 개발하는 데 성공한 것이다. 파동육각수는 100℃로 끓이거나 상온에서 장기간 방치해도 육각구조가 그대로 유지된다. 어떤 전자파나 고압전류에 노출되어도 파동이 변화하지 않는다.

물속의 육각구조는 기계로 측정하거나 현미경으로 직접 확인할 수가 없다. 인간이 물을 음용하여 인체가 반응하는 상태와 체험의 결과를 확인하는 것이 유일한 방법이다.

그래서 S.C.B.E를 통과시켜 만든 파동육각수를 끓여서 마신 경우와 차게 해서 마신 경우 인체의 반응을 각각 1년 이상 관찰하기로 했다. 평가 기간 중에 모인 체험 사례를 종합하여 분석한 결과 두 가지 모두 똑같았다. 만약에 파동육각수를 끓여서 육각구조가 파괴되었다면 파동이 사라진 일반 생수와 다름없으니 육각수가 갖는 인체 내의 작용(뒤에 자세히 설명할 것이다)은 나타나지 않을 것이다. 이상이 세계 최초의 특이한 육각수 제조 장치인 S.C.B.E의 개략적인 개발 과정이다. 더 자세한 것은 제이스텝(주)의 노하우에 속한다.

【파동육각수 제조 장치 S.C.B.E】

파동육각수의 인체 내 작용 결과를 10년 이상 관찰하고 연

생명 내부(Higher Self)로부터의 혁명

구한 자료를 필자는 『새 지구의 파동과학 I , II』의 사례편으로 정리하여 책으로 출판한 바 있다. 그리고 파동육각수의 인체 내 작용인 힐링을 테마로 한 계간지인 「힐링프론티어(Healing Frontier)」를 발간하고 있다. 10년간 고객이 꾸준히 애용하는 것을 통해서도 객관적인 검증은 어느 정도 이루어졌다고 생각한다.

필자가 개발한 S.C.B.E는 한국은 물론 외국에 설치해도 그 곳의 물을 육각구조로 만들 수 있다.

◉ 육각수의 시대를 열다

육각수는 지구에 온 물의 원형(原形)이다. 육각수에는 우주의 파동이 녹아 있으므로 우주의 물이다. 육각수에는 생명의 정보가 파동으로 녹아 있으므로 생명력을 활성화시킨다. 그래서 육각수는 생명의 물이다.

육각수 속에는 생명력을 활성화시키는 플러스 파동이 함유되어 있다. 그렇게 소중한 육각수가 다시 한국에서 생산되어 마음대로 마실 수 있게 되었다.

필자가 개발한 파동육각수가 지구에서 육각수를 생산 공급함으로써 인류의 생명은 크게 발전할 것이라고 감히 주장한다. 육각수는 세포막을 통과하기 쉬우므로 세포핵의 육각수가 증대되어 생명력이 더욱 활성화될 것이다.

육각수 파동이 인간의 생명력을 활성화시키면 개인의 건강, 능력, 직관, 경제를 발전시킨다. 개인이 사회, 국가 그리고 세계를 발전시키고 변화시키는 출발점이다. 육각수는 인류를 건강하게 하고 궁극적으로 인류를 평화와 행복의 길로 인도할 것이다.

육각수의 시대가 활짝 열리고 있다. 육각수가 갖는 파동과 힐링의 새로운 세계에 마음을 열고 즐겁게 활용하기를 기대한다.

21세기는 석유의 시대에서 머지 않아 물의 시대가 될 것으로 예견하고 있다. 물은 생명의 기본이므로 물이 국가의 가장 중요한 자원이기도 하다. 인간을 포함한 모든 생명체의 생명력을 활성화시키는 육각수 제조 기술은 기업과 국가의 소중한 자산이 될 것이다. 육각수가 생활과 산업 전반에 어떻게 활용되는지를 깊이 있게 이해해 주기 바란다.

필자는 현재 물이 필요한 국내외의 어디라도 육각수를 생산 공급할 수 있는 기술 체계를 확립해 놓고 있다. 파동육각수가 갖는 파동의 작용은 전 세계 곳곳으로 확대될 수 있다.

◉ 제조 방법

파동육각수는 풍수가 좋고 천연미네랄이 풍부한 경기도 양평의 250m 지하 암반수를 원수로 사용한다. 지하 암반수를 인간이 마실 수 있는 기준에 맞도록 필요한 정제 및 살균 과정을 거친 후 S.C.B.E를 통과시킨 물이 파동육각수이다.

물이 S.C.B.E를 통과하면 먼저 100% 육각구조로 변환되고 육각구조가 파동을 수신하는 안테나처럼 작용하여 우주의 파동이 물에 녹아들게 된다. 이를 그림으로 나타내면 다음과 같다.

생명 내부(Higher Self)로부터의 혁명

【파동육각수의 제조】

　파동육각수의 키워드는 '육각수' 와 '파동' 이라는 두 단어이다. 파동육각수에 포함된 파동이 인체 내에서 작용하면 힐링이 일어나고 그때 건강이 크게 개성된다. 파동육각수의 원리와 작용에 대해서는 자세히 설명하겠지만 개념도는 아래와 같다.

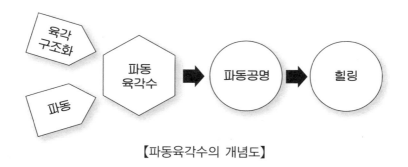

【파동육각수의 개념도】

　먼저 육각구조와 파동에 관해 설명하면 다음과 같다.

⬡ 육각구조의 물

　S.C.B.E를 통과한 물은 우주의 생명정보가 파동의 형태로 녹

아 있는 100% 육각수이다. 파동육각수가 세포막에 접촉하는 순
간 육각수는 세포막을 쉽게 통과하여 세포핵에 이르게 된다. 파동
육각수는 세포핵에 있는 유전자에 도달하면 DNA의 핵심에 이르
게 된다. DNA의 핵심에 미량의 파동육각수가 함유되어 생명활동
에 중요한 작용을 한다.

인간의 세포는 육각구조를 하고 있어서 마시는 물이 육각구조
를 띠게 되면 아래 그림과 같이 파동공명이 일어난다. 공명현상과
동시에 세포의 호흡이 원활해지고 생명력이 활성화되어 면역력과
자연치유력이 증대되는 등의 인체반응을 일으킨다. 인체 내 작용
에 대해서는 뒤에서 자세히 설명하겠다.

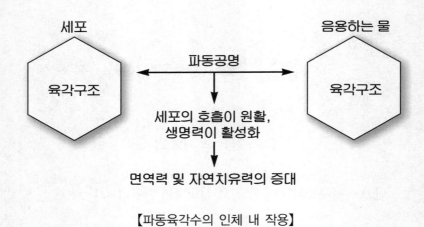

【파동육각수의 인체 내 작용】

이때 중요한 것은 체온인 36.5℃에서도 육각구조가 유지되어
야 한다는 것이다. 파동육각수는 이 조건을 충족시키는 유일한 물
이다. 프랑스의 루르드 샘물처럼 부분적인 육각수가 몇 군데 알려

져 있지만 100% 육각수를 세계 어디서든지 대량으로 생산할 수 있게 된 것은 파동육각수가 최초이다. 이것은 S.C.B.E의 발명으로 인한 파동 과학의 쾌거라고 할 수 있다.

물의 육각구조는 현미경으로 직접 측정하기는 힘들지만 −20℃로 얼려 얼음결정을 찍어 보면 아래와 같이 확인할 수 있다.

육각구조가 선명한 물　　　　육각구조가 선명하지 않은 물
(파동육각수)

【얼음결정 사진의 비교】

파동육각수는 깨끗한 육각구조를 나타내지만 어떤 물은 형태가 불규칙한 구조를 띠기도 한다.

물의 얼음결정 사진은 물속에 육각구조의 정보가 존재한다는 사실을 간접적으로 확인한 것에 불과하다. 진정 육각수를 증명하기 위해서는 인간이 직접 체험하여 그 효과로 입증하는 것이 가장 확실하다. 파동육각수를 마시면 인체 내의 파동 작용으로 몸이 반응하므로 음용자가 변화를 확인할 수 있다.

◉ 파동을 지니고 있는 물

　　물이 육각구조를 띠게 되면 우주의 생명정보를 포함한 파동을 수신(受信)하게 되어 파동수가 된다. 파동수는 몇 가지 상품이 국내외에서 개발돼 있다.

　　파동에는 원자 중심부에서 발산하는 절대파동과 원자 주변에서 발산하는 상대파동의 두 종류가 있다. 파동수라는 이름은 같아도 파동의 작용과 특징이 똑같지 않고 차이가 나는 이유이다.

　　파동육각수의 파동은 절대파동으로 힐링작용이 있으며 파동은 영구히 보존된다. 파동의 정보가 그 어떤 전자파나 열(熱)로도 파괴되지 않는다. 한편 일반 물에 파동기기를 이용하여 특정한 파동을 전사(轉寫)시킨 파동수의 경우는 전자파, 빛, 열 등을 통해서 다른 파동이 쉽게 유입되어 파동수의 정보가 소진될 가능성이 있어 보관에 각별한 주의를 요한다. 여러 가지 관점에서 파동육각수의 파동은 편안하게 사용할 수 있다.

　　앞서 설명한 바와 같이 인체는 파동으로 연결된 유기적인 생명체이므로 물이 갖는 파동성은 중요하다. 인체 내의 파동은 모르스 부호와 같이 신호로 의식에 작용한다.

파동육각수는 육각구조인 인체의 세포에 파동공명에 의해 전방위적(holistic)으로 작용한다. 여기서 전방위적이라 함은 파동이 순간적으로 몸속의 세포에 전달되어 신체작용을 촉진한다는 뜻이다.

파동육각수를 마시면 물은 목구멍으로 내려가는데, 파동 때문에 물이 흐르는 방향과는 다른 '뇌' 부분에도 작용하여 뇌부분에 이상(異狀)이 있는 경우 즉각 반응하므로 당사자가 감지한다. 파동육각수에 포함된 파동은 빛과 같이 사방으로 발산하기 때문이다. 혹은 신체 내부의 이상을 당사자가 미처 인지하지 못한 상태에서 파동육각수의 작용으로 고통스럽다거나 대소변에 피가 섞여 나오는 등의 이상으로 인체의 문제점을 감지하는 경우가 있다. 이런 인체 내 작용은 파동육각수가 갖는 파동에 의해 가능하다.

◉ 파동육각수의 과학적 증명

파동육각수의 작용은 기계로 측정할 수 있는 요소와 인간의 몸과 마음이 감지하는 요소가 섞여 있다. 현대과학은 기계로 측정한 결과를 신뢰하는 기계중심의 과학이지만 파동과학은 인간의 심신(心·身)이 직접 체험하여 느낄 수 있는 인간중심의 과학에 가깝다. 파동은 눈에 보이지 않기 때문이다.

21세기 과학의 체계는 기계중심의 과학과 인간중심의 과학이 균형을 이루는 지점에서 새롭게 정립될 것이다.

파동육각수의 분석

1995년 파동육각수를 개발할 당시, S.C.B.E를 통과한 물을 KAIST에서 분석한 결과 아래와 같이 육각구조화된 물의 비율이 많을수록 용존산소량, 점성이 높게 나타났다. 장치를 통과한 물이 점도가 높은 것은 육각구조의 물 구조가 치밀하므로 나타난 현상이다. 용존산소가 높은 것은 장치가 회전하는 데 따른 물의 교반효과와 육각수가 갖는 작용이 겹친 현상이다.

구분	장치 통과 이전(1)	장치 통과 이후(2)	(2)-(1)
용존산소량	7.971mg/ℓ	8.559mg/ℓ	0.588mg/ℓ
점도(시간)	289.72sec	291.49sec	1.77sec

이제까지 알려진 기능수들은 아주 저온에서 다른 분석 결과가 나오나 곧 원상태로 복귀했다. 반면에 파동육각수는 상온에서 위와 같은 분석치가 확인될 뿐더러 계속 상온에 두어도 용존산소량과 점도가 유지된다. 이는 장치를 통과한 물의 분자구조가 육각구조화 된 비율이 높다는 것을 의미한다. 표는 KAIST가 작성한 보고서의 요약이다.

물의 비밀은 첨단과학을 동원하더라도 알아내기가 힘들다는 것이 물 연구자들이 갖고 있는 공통적인 견해이다. 물은 체험을 통해서만 알 수 있는 인간중심의 과학에 속한다.

파동육각수 성분

파동육각수는 두 종류로 생산되는데 성분은 아래와 같으며 보건복지부 장관의 허가(양평 제31호)를 받았다.

- 탄산형 파동육각수 : 정제수+0.05% CO_2+0.02% 복숭아향
+0.01% 비타민C
- 순수형 파동육각수 : 정제수+0.01% 비타민C

    탄산형과 순수형 파동육각수에는 물의 함량이 각각 99.92%와 99.99%이다. 탄산형에 첨가된 파동탄산가스는 피의 순환운동을 돕고 피의 스트레스를 줄여 주며 파동복숭아향은 노폐물을 배출하는 데 도움을 준다.

◎ 파동육각수의 특별한 작용

    파동육각수가 갖는 특별한 작용은 육각수와 파동이라는 두 요인에 의해 다른 일반 물과 차별화된다. 12년 동안 파동육각수를 사업화해 오면서 많은 사람들이 음용하여 체험한 사례들을 종합적으로 분석하여 얻은 인체 내의 작용과 그 메커니즘에 대해 설명한다.

◎ 파동육각수에 의한 파동요법과 힐링

    파동육각수는 플러스 파동만 물에 복사되어 있다. 플러스 파동이란 생명력을 활성화시키는 파동이다. 파동육각수를 마시면 아래의 그림에 표시된 대로 세포와 의식에 동시에 작용하게 된다.
    파동육각수가 입자로서의 세포에 직접 작용한다는 것은 물질

적인 물의 작용을 말한다. 물질적인 물의 작용이란 자연의 생수가 갖는 물의 작용을 말한다. 음식물을 소화시키고, 영양분을 인체기관에 보내 주고, 노폐물을 배출시키는 등의 대사(代射) 기능을 말한다. 이상의 작용은 파동육각수가 갖는 기본적인 물의 작용이다.

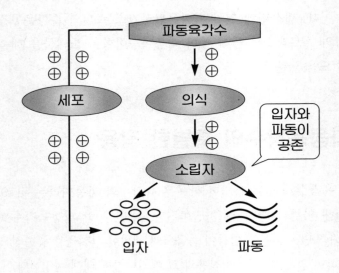

【파동육각수가 인체에 작용하는 과정】

파동육각수가 마이너스 유전자를 줄여 준다

파동육각수가 갖는 파동의 작용은 자연의 생수가 갖지 못한 특별한 추가 기능인 것이다. 이 추가 기능은 생명의 관점에서 더욱 중요하다.

많은 사람들은 파동육각수가 갖는 파동요법과 힐링을 이해하지 못하고 있다. 파동육각수와 자연의 생수와의 차이점을 충분히 이해할 때 생명의 본질과 파동의 실체를 인정할 수 있을 것이다.

인간이 파동육각수를 음용하여 인체의 생명력이 복원되는 과
정은 그림에서 보여 주는 바와 같다.

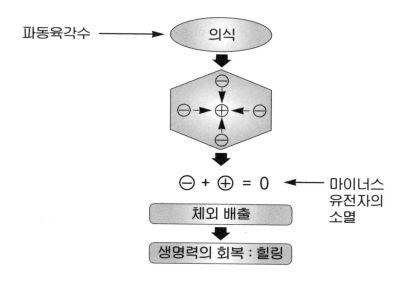

【파동육각수의 작용 메커니즘】

파동육각수의 플러스 파동이 인간의 의식과 접촉하는 순간 인
체의 마이너스 유전자가 파동육각수의 플러스 파동 주변으로 모
여 정화작용이 일어난다.

파동육각수가 마이너스 유전자를 정화하고 에너지가 제로(0)
로 되면 자유로워져서 하품, 가스, 배변, 땀, 가래, 눈물, 졸음 등
7가지 형태로 몸 밖으로 배출된다. 인간의 의식(=마음) 속에 세포
가 존재하므로 파동육각수가 의식에 접촉한다는 것은 세포에 접

촉한다는 것과 같은 말이다.

이렇게 인체 내의 마이너스 유전자가 배출되면 세포가 활성화되면서 자연치유력의 회복 및 면역력의 향상에 도움을 준다. 파동육각수가 마이너스 유전자를 줄여 준다는 것은 단순한 건강 회복을 넘어 인간이 발전하는 기초를 마련하는 것이다.

이와 같이 파동육각수의 좋은 파동이 인체 내의 나쁜 파동을 배출시키므로 파동요법(wave therapy)이라고 한다. 파동요법에 의해 인체의 생명력이 활성화되므로 힐링이 된다. 파동요법에 의한 힐링은 파동육각수의 핵심적인 인체 내 작용이다.

◉ 마이너스 유전자가 배출되는 형태와 과정

파동육각수를 음용하고 마이너스 유전자가 배출되는 인체의 변화는 독특하므로 자세히 이해할 필요가 있다. 배출되는 증상은 다음과 같다.

하품이 나온다
하품으로 인체에 있던 마이너스 유전자가 포함돼 나온다.

방귀가 많이 나온다
대개 냄새가 지독하고 소리도 크며 자주 나와 민망스럽기도 하다. 방귀 속에 마이너스 유전자가 포함돼 있다.

배변에 변화가 있다
소변, 설사, 변비, 숙변 등의 변화를 설명하면 다음과 같다.

소변이 많이 나오고 냄새가 지독하며 거품이 많이 생긴다. 색깔이 평소와는 달리 진하다. 당뇨 환자의 소변에 생기는 거품처럼, 파동육각수를 마시면 몸속의 불순물이 빠져나오기 때문에 거품이 생긴다. 인체의 물 중에서 마이너스 유전자가 함유된 세포 속의 나쁜 물이 소변으로 빠져나오는 것이다.

소변의 양은 사람에 따라 다르지만 마신 파동육각수 양의 10배에서 20배까지 나온 예가 있다. 파동육각수를 오래 음용하면 소변은 일체 냄새가 나지 않고 맑아진다.

설사를 며칠간 한다. 배탈 때문에 생긴 설사는 힘이 빠지지만 파동육각수를 음용한 후의 설사는 오히려 기분을 상쾌하게 한다. 평소 변비로 고생하던 사람이 파동육각수를 마신 후 배변을 시원스럽게 한다.

숙변의 형태로 아주 냄새가 지독한 배변을 대량 배출하는 경우가 있는데 그때의 쾌감은 이루 말할 수 없다고 한다. 뱃속의 노폐물이 빠지고 나니 뱃살이 들어가고 머리가 맑아져 상쾌하다.

체질에 따라 드문 일이지만 변비가 없던 사람이 며칠간 변비가 생겨 계속되다 없어진다. 딱딱한 변 속에 마이너스 유전자가 차곡차곡 쌓여 일정량이 되면 숙변으로 나온다. 따라서 변비라고 걱정하지 말고 일정 기간 인내하며 신체 변화를 관찰할 필요가 있다. 위의 어느 경우나 대변 속에 그 사람의 마이너스 유전자가 포함돼 있다.

땀이 많이 나고 가래가 나온다

평소 땀을 흘려 본 일이 없는 사람이 파동육각수를 음용한 후,

땀이 난다면 그 속에 마이너스 유전자가 들어 있는 것이다. 가래가 나오는 경우도 마찬가지로, 가래 속에 마이너스 유전자가 들어 있다.

눈물, 콧물 등이 나온다

눈물이나 콧물이 나오는 경우는 눈 언저리나 코에 마이너스 유전자가 많다는 것을 의미한다. 예를 들면 비염이 있는 경우 누런 콧물이 많이 나올 수 있다.

졸린다

파동육각수를 마신 후 심하게 졸린다는 사람이 있다. 졸리면서 나른함을 동시에 느끼는 사람도 있다. 마이너스 유전자가 배출되니까 졸음이 오는 것이다.

이제까지 설명한 것을 정리하면 다음 표와 같다.

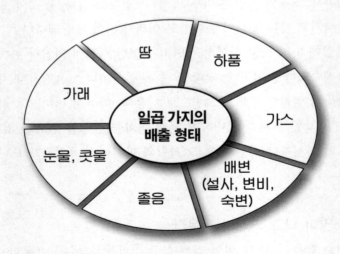

【마이너스 유전자의 배출 형태】

생명 내부(Higher Self)로부터의 혁명

위의 증상들은 대개 물을 마신 후 즉시 나타나거나 며칠 후 나타나서 4~5일 지속되는 경우가 있다. 위의 일곱 가지 증상은 사람의 체질에 따라 몇 개가 동시에 나타날 수도 있고 또 경미하게 나타날 수도 있다. 아무튼 이런 증상은 인간의 건강 회복과 발전으로 연결되는 좋은 일이므로 즐거워해야 한다.

⬣ 파동육각수의 플러스 파동이 가져오는 현상

파동육각수에는 우주의 파동이 공명하므로 플러스 파동만 녹아 있다. 플러스 파동을 통해 생명력이 어떻게 회복되는지 구체적으로 살펴보기로 하겠다.

파동육각수는 질병의 역사를 일깨운다

파동육각수를 마시면 과거에 아팠거나 병을 앓았던 부위가 다시 아파진다. 이것은 질병의 뿌리가 되는 마이너스 유전자가 정화되어 배출되면서 음용자에게 그 느낌을 주기 때문이다. 다음 사례들은 체험 환자의 진술에 따른 것이다.

- 옛날에 무릎을 앓은 적이 있는 사람이 파동육각수를 마시면 그 부위가 고통스럽다가 얼마 후 고통이 사라진다고 한다. 그 이유는 마이너스 유전자가 몸 밖으로 배출되면서 고통을 준 것이다.
- 중풍을 앓고 있는 사람이 파동육각수를 마신 후 아픈 부위가

더 고통스러워진다고 한다. 이 현상 역시 마이너스 유전자가 몸 밖으로 배출되면서 몸에 고통을 주는 현상이다.

• 과거에 허리를 앓았다가 조금 나아졌는데, 파동육각수를 마신 후 오히려 통증이 생겨 병원에 가서 엑스레이를 찍어 보았더니 오히려 상태는 훨씬 좋아져 있었다고 한다.

마이너스 유전자가 몸 밖으로 배출되면서 고통을 주지만 실제 몸의 상태는 마이너스 유전자 배출로 점차 좋아진다. 모두가 마이너스 유전자를 배출해 내는 과정으로 생기는 현상들이다.

인체의 플러스 유전자에 직접 공명하여 생명력을 활성화 시킨다

파동육각수에 포함된 플러스 파동은 인체의 플러스 유전자에 직접 영향을 주어 생명력을 배가시켜 준다. 다음 그림을 참조하기 바란다.

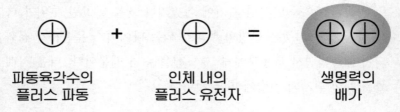

| 파동육각수의 | 인체 내의 | 생명력의 |
| 플러스 파동 | 플러스 유전자 | 배가 |

【플러스 파동으로 인한 생명력의 배가】

인체의 플러스 유전자가 더욱 활성화되면 플러스 유전자가 갖는 생명력(bio energy), 직관력 및 창조력 등이 증대된다.

파동육각수는 생명, 돈, 정보 등 모든 것에 영향을 준다

파동육각수는 플러스 파동만을 함유하고 있으므로 주변에 있는 좋은 파동을 공명 작용에 의해 빨아들인다. 좋은 파동이 인체의 의식 속으로 들어오면 여러 가지 좋은 일이 생긴다.

파동육각수는 생명(life), 돈(money), 정보(information), 운(運)에 영향을 준다. 물이 생명에 영향을 주는 것은 쉽게 이해가 된다. 물은 돈을 만드는 동전(coin)의 금속에 공명한다. 우주운행의 원리를 표현하고 있는 오행(五行 : 목화토금수 木火土金水)에서 보듯이 금속의 기운이 녹으면 물이 되므로 물의 파동과 금속의 파동은 서로 공명한다.

파동육각수를 마시면 마음이 편안해져 인연이 있는 사람과 정보를 만나 운이 강해진다. 이와 같이 파동육각수는 삶의 모든 것에 깊이 영향을 주어 인간이 더욱 성장, 발전하도록 한다.

파동육각수는 진정한 자신과 만나게 한다

의식의 깊은 곳에는 생명의 실체인 진정한 자아(Higher self)가 자리잡고 있다. 파동육각수를 마시면 공명작용에 의해 진정한 자신과 만날 수 있다.

인간의 의식은 그 뿌리가 세 가지이며 각각 구별되어 있다. 우주의 불변의 법칙인 '직영(direct spirit)', 선조로부터 유전되는 '영적인 의식'과 자기의 육체를 구성하는 '정기(精氣)'의 세 가지가 그것이다. 파동육각수를 마시는 사람은 파동공명에 의해 세 가지의 정보와 만나게 된다.

세 가지의 정보를 만나는 것은 진정한 자신을 만나는 것과 같다. 진정한 자신은 우주의 핵심과 공명하므로 지혜와 에너지를 얻게 되는 것을 의미한다. 진정한 자신과 만나는 것은 인간을 성장, 발전의 길로 인도하여 행복을 공유하는 세계를 앞당기게 될 것이다.

◉ 파동육각수의 인체 내 작용

파동육각수가 갖는 힐링작용으로 나타나는 인체 내의 변화를 설명하겠다.

파동육각수는 피를 활성화시킨다

피 속에 포함된 물은 우주로부터 전달된 육각수의 정보에 의해 만들어진 것으로 6%의 육각수를 포함하고 있다. 파동육각수를 마시게 되면 피 속의 물과 파동적으로 공명하기 때문에 피가 깨끗해지고 흐름도 좋아져 피가 활성화(活性化)된다. 피는 인간의 육체적 건강을 결정짓는다.

마음의 비타민제로서 작용하여 마음을 활성화시킨다

파동육각수의 파동이 의식에 작용하여 마음을 활성화시킨다. 파동육각수가 마음의 비타민제 역할을 하는 것이다. 정신이 맑아지고 집중력, 직관력과 창의력이 높아져 각종 능력이 개발된다. 다음 그림을 참조하기 바란다.

집중력 / 직관력 / 창의력

【파동육각수와 인간의 능력 개발】

파동육각수가 창의력을 향상시키는 바 이에 대해 설명하면 다음과 같다. 기억력은 뇌세포에 포함된 물의 기억력과 관계가 있다. 뇌를 구성하는 세포의 핵심에는 미량의 육각수가 포함되어 있는데 이것은 인간이 태어날 때부터 주어진 것이다. 육각수는 뇌의 기억력에 창조성을 부여하는 작용을 한다.

무엇을 많이 기억하는 것만으로는 인간이 발전하는 데 한계가 있다. 기억한 것을 아이디어로 연결하는 창조적 활동을 뇌세포에 존재하는 미량의 육각수가 담당한다. 만약에 육각수를 계속 마시면 뇌의 창조 기능을 더욱 활성화시킬 수 있을 것이다. 파동육각수의 파동은 뇌세포막을 쉽게 통과하여 뇌세포의 핵에 들어 있는 기존의 미세한 육각수를 더욱 활성화시키는 상승작용을 한다.

파동육각수는 궁극적으로 수명을 연장한다

파동육각수가 갖는 작용의 핵심은 우주의 파동이 인체에 공명한다는 것이다. 우주의 파동이 공명하는 물은 파동육각수가 최초이다.

파동육각수는 궁극적으로 DNA의 중심부에 흡수되어 세포가 생명활동을 원활하게 할 수 있도록 도와준다. 파동육각수의 궁극적인 작용은 수명 연장에 있다.

수명이 연장되는 이유는 크게 두 가지로 생각할 수 있다. 첫째로 파동육각수가 인체 내의 마이너스 유전자를 감소시키기 때문이다. 두 번째로 파동육각수가 갖는 힐링작용으로 질병이 예방되기 때문이다.

인간의 수명은 태어날 때 DNA에 유전정보로 각인되어 있다. DNA에 각인된 수명이 파동육각수가 갖는 인체 내의 작용에 의해 연장된다고 이해하면 된다.

구체적으로 수명이 얼마만큼 연장되는가는 개인별 파동공명에 따라 다르겠지만 한 세대(generation)에서 대략 10년 전후가 될 것이다. 힐링의 세계에 마음을 열고 파동육각수를 즐겁게 활용하면 의식의 향상과 더불어 수명은 계속 연장될 것이다.

◉ 파동육각수로 생활이 바뀐다

파동육각수는 물의 집단이 작고 파동이므로 세포에의 흡수가 빠르고 물맛이 좋다. 파동육각수의 효능을 파동과 힐링의 관점에서 종합적으로 이해하고 생활 속에 활용해 보기 바란다. 이제까지 체험해 보지 못한 갖가지 좋은 물의 작용으로 생활이 즐겁게 바뀔 것이다.

약을 들거나 차(茶)를 만들 때 파동육각수를 이용한다

파동육각수에 포함된 우주의 파동이 함께 복용하는 물질의 생

생명 내부(Higher Self)로부터의 혁명

명력을 활성화하고 그 물질이 갖는 부작용을 해소하거나 크게 완화시킨다.

예를 들면 혈압약을 복용할 때 파동육각수와 같이 복용하면 혈압약에 들어 있는 약효 성분은 활성화하고 혈압약이 갖는 부작용은 크게 줄어든다. 이러한 작용은 모든 약에 해당된다.

암환자가 함암제를 투여하거나 방사선을 쏘일 때 파동육각수를 마시면 위와 같은 효과를 본다. 실제로 항암제를 투여할 때는 소화가 안 되거나 힘이 빠지는 등 여러 가지 부작용을 호소하는데, 파동육각수를 음용하면 그 부작용이 줄어든다.

한약을 다릴 때 파동육각수를 함께 넣으면 한약 조제시 사용한 각종 원료 물질을 활성화하므로 일반 물을 쓸 때보다 한약의 효능이 크게 올라가게 된다. 한약이 갖는 일부 부작용도 줄어든다.

건강에 효험이 있다는 인삼, 산삼 및 각종 버섯 등 약초 효능이 있는 모든 물질을 끓여서 물이나 차로 마실 때 가능하면 파동육각수를 섞는다. 파동육각수를 다른 물과 섞어 사용해도 된다. 그때 파동육각수의 비율은 10~20%가량이면 좋다. 생활 속에 광범위하게 파동육각수의 작용을 활용하면 큰 돈 들이지 않고 그 효능을 증대시킬 수 있다.

임신부와 유아에게 파동육각수가 좋다

임신부는 자신과 태아의 두 생명을 갖고 있으므로 파동육각수의 효과는 일반인의 두 배라고 말할 수 있다. 임신부와 태아는 생명에너지를 서로 공유하므로 임신부의 생명력이 높아지면 파동공명에 의해 태아에게도 그대로 전달된다. 파동육각수의 힐링작용으로 임신부가 건강해지니까 똑같이 태아의 건강도 좋아지는 것이다.

또한 파동육각수는 임신부와 태아의 마이너스 유전자를 정화시킨다. 그리고 임신부가 마시고 먹는 공기, 물, 음식 등과 같이 들어오는 미량의 공해물질, 농약 등 오염물질의 파동을 파동육각수가 파동의 공명으로 정화해 주기도 한다. 이러한 작용으로 임신부와 태아는 건강하게 된다.

유아에게 먹일 분유를 파동육각수에 타면 분유가 잘 섞인다. 파동육각수는 물의 집단이 작고 파동의 작용으로 분유를 빨리 용해시킨다. 이 분유를 마시면 특히 소화가 잘된다.

파동육각수는 인간을 행복하게 하는 물이다

파동육각수는 건강을 회복시키는 효과가 있지만 이보다 훨씬 품격이 높은 물이다. 파동육각수는 인간이 마음속에 이미지하는 힘을 세포에 강하게 전달하여 인간이 원하는 바를 이루도록 하는 작용을 한다. 이렇게 파동육각수는 소원이 성취되도록 도와 인간을 행복하게 해 주는 물이다. 아래와 같은 여러 가지 활용 사례가 있다.

- 학생의 행복은 학업 성적이 오르는 일이다. 학생이 파동육각수를 마시면 뇌세포가 활성화되어 기억력이 좋아지고 집중력과 창의력이 높아지면서 학업 성적이 오른다.
- 운동선수의 행복은 체력이 향상되어 기록이 상승하는 것이다. 예를 들어 마라톤 선수가 파동육각수를 마시면 뒷심이 보강

되어 기록이 좋아진다.
- 여자의 경우 예쁘고 몸매가 날씬해지면 행복감을 느낄 것이다. 파동육각수는 그것을 가능하게 해 준다.
- 비즈니스맨의 경우 직감력이 높아지고 원기가 올라 피로감이 줄어들어 적극적으로 일을 하게 된다. 비즈니스맨으로서 행복할 것이다.
- 어떤 환자가 파동육각수를 마시고 자기의 현재 질병으로부터 벗어나 건강한 자유를 얻고 싶다고 간절히 이미지하면 그 질병을 극복할 확률이 높아진다.

즐거운 요리(Joy cooking)에 이용

파동육각수를 소량만 사용해도 음식의 맛이 달라진다. 파동육각수를 가정과 식당에서 활용하면 가족과 고객이 즐거워할 것이다. 아래의 설명은 가족 3인을 기준으로 물의 양을 표시했으며 인원이 많아지면 비례적으로 늘리면 된다.

▶ 밥 지을 때
- 사용량 : 30cc가량
- 효과 : 밥에 윤기가 나고 밥의 영양분을 활성화시켜 밥맛이 좋아지며 소화가 잘 된다.

▶ 불고기, 갈비찜을 잴 때
- 사용량 : 30cc가량
- 효과 : 고기의 냄새를 없애고 육질을 부드럽게 하여 고기의 맛과 영양가를 높여 준다.

▶ 국을 끓일 때
- 사용량 : 30cc가량
- 효과 : 재료들의 영양분을 활성화시켜 준다.
▶ 생선회
생선회에 소량 뿌리면 회가 연해지고 생기가 살아나서 맛있게
된다.
▶ 반찬을 만들 때
반찬 조리시에 소량 넣으면 영양분을 활성화시켜 감칠맛을 낸다.
▶ 라면과 커피를 만들 때
소량 넣으면 라면의 면발이 쫄깃하고 국물의 느끼함이 사라지
며 맛이 좋아진다. 커피 물에 소량 넣으면 맛과 향을 더욱 부드
럽게 하고 카페인의 부작용을 감소시킨다.

공통된 효과

음식 원료 및 조미료에 함유되어 있을지도 모르는 극미량
의 나쁜 에너지, 미량의 농약과 유해 화학성분 등이 파동정화
를 통해 해독되어 위생적이고 건강한 음식이 만들어진다.

숙취 해소에 도움을 준다

음주 전후에 파동육각수를 마시면 숙취 해소에 좋다. 업무상 술
을 마시는 횟수가 많은 직장인의 경우 다음날 맑은 정신으로의 업
무 복귀가 가능하다. 숙취 해소의 메커니즘은 아래의 세 가지로 요
약될 수 있다.

생명 내부(Higher Self)로부터의 혁명

- 체내의 면역력을 증대시켜 알코올에 대해 즐겁고 편하게 된다.
- 혈액의 기능을 올려 알코올로 인한 혈액의 손상(damage)을 조기에 회복시켜 준다.
- 파동육각수의 파동이 신경, 뇌에 좋은 영향을 주어 뇌를 활성화시키므로 뇌가 신체를 컨트롤하는 기능이 올라간다.

중독 현상을 완화하거나 해결한다

알코올 중독, 니코틴 중독, 육고기 편식과 커피 다량 섭취 등의 생활습관을 치유하고 싶을 때 파동육각수를 음용하면 큰 도움을 받는다.

파동육각수는 물속의 파동이 인간의 의식에 작용하여 한쪽으로 치우친 생활습관을 중간으로 끌어들이는 교정 작용을 한다.

화장수로 사용한다

파동육각수를 솜에 발라 피부를 적셔 주면 보습 및 피부 활성화에 크게 도움을 준다. 파동육각수만으로 최고의 스킨워터 기능을 느낄 수 있다.

가족들의 간단한 상처, 벌레 물린 곳에 활용한다

상처나 벌레 물린 곳에 파동육각수를 발라 주면 소독, 해독 작용으로 신기하게 빨리 치유된다.

애견 동물의 밥에 소량의 파동육각수를 섞어 준다

애완동물이 설사를 하거나 컨디션이 좋지 않을 때 밥에 소량의 파동육각수를 섞어 먹이면 도움이 된다.

수맥을 해결하고 풍수를 좋게 한다

풍수(風水)사상은 1,000여 년 전 중국으로부터 유래한 것이다. 물(水)과 바람이 갖는 에너지가 인간의 생명력에 영향을 주어 건강, 행복과 운(運)에 변화를 준다는 것이다.

풍수나 수맥이 나쁘다고 큰 돈을 투자하는 대신에 아이디어나 창의력으로 문제를 해결할 수 있다. 바로 파동육각수를 활용하는 것이 그 방법이다. 집, 아파트, 사무실의 경우 동서남북의 네방위에 파동육각수 1병씩을 놓으면 파동육각수의 파동공명으로 풍수가 좋아지고 수맥도 해결된다.

집 내부에는 침실, 거실에 각각 네방위에 물 1병씩을 놓아두되 물병은 가능한 눈에 띄지 않는 곳에 두는 것이 좋다. 단독주택의 경우는 동서남북에 1병씩 물병을 묻어 두어도 된다. 파동의 효능은 약 3년간 지속되므로 시간이 지나면 다시 새 물병으로 교체한다.

◉ 파동육각수의 상품과 산업에의 응용

물이 들어가는 분야는 헤아릴 수 없이 많다. 기존의 상품을 제조할 때 혹은 산업의 제조 과정에 파동육각수를 소량 혼합하면 상품의 파동화가 이루어진다. 상품의 파동화로 힐링작용이 일어나면 전혀 새로운 상품으로 재탄생한다.

파동육각수의 파동이 혼합되는 성분을 활성화시키고 혼합성분이 갖는 부작용을 완화 내지는 해소시켜 준다. 현대의 모든 상품은 좋은 작용과 동시에 부작용을 갖고 있다. 좋은 파동으로 상품의 부작용을 크게 해소시키는 것만으로도 생명의 관점에서 대단히 중요하다. 응용 분야 중 몇 가지만 소개하면 다음과 같다.

건강 관련 산업에의 응용

인간의 생명력을 증대시키는 건강 관련 산업이 21세기에는 가장 각광 받는 산업이 될 것이다. 현재의 생명과학(BT, bio technology)에 파동기술(WT, wave technology)을 융합하면 상승작용이 일어난다. 기능성 신약을 제조할 때 혹은 그 과정에서 파동육각수를 미량이라도 사용할 경우 효과를 배가시킬 수 있다.

제약 원료를 확보할 때, 약초 혹은 잎에서 핵심 성분을 추출할 때 파동육각수를 사용하면 파동화가 자연히 이루어지므로 활용할 가치가 있을 것이다. 미생물을 배양할 때도 마찬가지로 파동육각수를 활용하면 파동의 작용으로 배양 속도나 효율이 증대할 것이다.

▶ 건강 기능성 음료

파동육각수와 자연의 약재를 배합하면 힐링작용을 하는 파동건강음료가 탄생한다. 현재 마시고 있는 건강드링크의 주요 기능은 원기회복, 숙취해소 등인데 이때 파동육각수를 혼합하여 제조하면 폭넓은 효능을 얻을 수 있다.

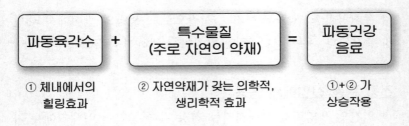

파동육각수	+	특수물질 (주로 자연의 약재)	=	파동건강 음료
① 체내에서의 힐링효과		② 자연약재가 갖는 의학적, 생리학적 효과		①+② 가 상승작용

【파동건강 음료의 개요】

▶ 신약의 개발

기존의 제약 과정에 파동육각수를 첨가하면 힐링기능이 추가된 새로운 신약이 탄생한다. 파동육각수의 파동에 의해 배합원료의 기능이 활성화되고 부작용이 최소화된 신약이 만들어진다.

화장품, 비누, 샴푸 등 생활용품

화장품, 비누, 샴푸 등의 제조시 파동육각수를 활용하면 새로운 파동상품이 탄생한다. 각각의 제품을 만들 때 약초 및 자연산 원료를 배합하는데 파동육각수의 파동이 이들 배합 원료를 활성화시키고 배합 원료가 갖는 부작용을 최소화한다.

각 원료의 파동이 피부 세포 속으로 침투되어 마이너스 유전자를 정화하고 세포를 활성화시킨다. 결과적으로 성능이 다른 새로운 파동상품이 된다.

파동화장품이 피부에 작용하여 세포를 활성화시키고 아름답게 변화시키는 원리는 파동육각수의 인체 내 힐링과는 메커니즘이 다르다. 미량의 파동육각수에 의해 우주의 파동이 화장품의 원료에 공명하게 된다. 화장품의 파동이 세포, 마음, 신경과 혈관 등을 상호 공명시킴으로써 아름다움이 탄생한다.

작용 메커니즘을 자세히 설명해 보겠다.

화장품이 발산하는 파동이 세포를 힐링하여 세포의 질을 바꾸고 세포의 스트레스를 줄여 준다. 세포에 영향을 주는 마음 자체를 힐링한다. 한편 세포와 마음을 연결하는 신경, 혈관 등을 힐링하게 한다.

이와 같이 파동화장품은 피부의 아름다움을 창조하는 데 관여하는 세포, 마음, 신경과 혈관을 똑같이 힐링하게 된다. 이것을 그림으로 나타내면 다음과 같다.

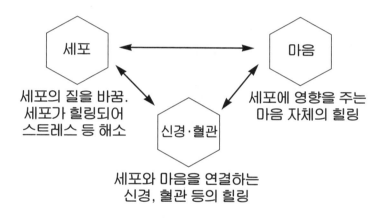

【파동생활용품의 작용 원리】

농업, 축산업, 수산업

고부가가치 농업인 버섯, 화훼 등에 응용하면 향, 성장률과 모양 등에서 차별화된다. 과일, 야채 등은 물론이고 두부, 콩나물 등 식생활에 직결되는 식품에 힐링효과를 줄 수 있다.

닭, 돼지, 소 등에 응용하면 육질 개선, 성장률 증가, 사료 절감, 질병 감소 등으로 고부가가치의 힐링축산업이 가능하다. 물고기를 기르는 데 파동육각수를 사용하면 물고기가 튼튼하고 맛있게 성장한다.

파동육각수는 인간이 마시므로 100% 육각수가 필요하지만 농업, 축산업, 수산업의 경우는 70~80% 육각수로도 효과가 충분하다. 인간보다는 동물, 식물이 자연에 가깝기 때문에 동식물의 경우가 인간에 비하여 파동공명이 잘 일어나기 때문이다.

필자는 아래 그림과 같은 루렘알 육각수 시스템(Rurem-R system)을 개발하여 이들 분야에 활용하고 있다.

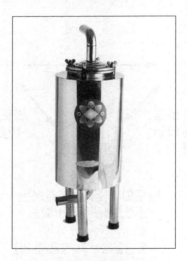

【루렘알 육각수 시스템】

지하수를 루렘알 시스템에 연결하고 배관으로 통과시키면 70~80%의 육각수를 얻게 된다. 루렘알 육각수 시스템의 작용 원리는 시스템 내부에 들어 있는 육각수 제조장치인 루렘알 시스템과 제조장치의 외부에 부착된 파동디자인의 상승작용에 의한다.

루렘알 시스템은 산업 분야에 다양하게 응용될 수 있으며 목적에 맞는 육각수 소요량을 생산할 수 있는 맞춤 설계가 가능하다.

화학공장 등 제조 공정을 필요로 하는 산업체의 응용

물을 소량이라도 혼합 가능한 곳에는 전부 응용이 가능하다. 연료용 Bunker-C, 휘발유, 디젤유에 파동육각수를 1%가량 넣으면 High tension oil이 된다. High tension oil은 연소효율이 증대되어 연료가 절감된다. 연소시 발생하는 배출가스의 공해 영향이 크게 감소하는 것은 물론 오히려 주위의 파동을 좋게 한다. 공장 및 인근 마을까지 파동을 좋게 한다. 자동차 연료를 쓸 때는 연비가 좋아지고 차량 전체의 파동을 좋게 한다.

쓰레기 연소시 적용하면 완전연소가 가능하여 다이옥신 발생이 억제된다. 화학반응을 응용하는 곳에 파동육각수를 사용하면 파동의 작용으로 표면접촉률이 증가되어 반응전환율이 올라간다. 보일러 급수에 파동육각수를 소량 넣으면 파동수증기가 만들어진다. 파동수증기를 화학반응에 사용하면 반응전환율이 올라가게 된다.

파동육각수로 새로운 도시 개발이 가능하다

육각수 제조 장치를 아파트나 도시의 상수원에 적용하면 주민이나 도시민의 건강과 능력 개발에 기여하는 파동육각수를 중앙 공급방식으로 공급할 수 있다. 힐링아파트(healing apartment), 힐링시티(healing city)가 가능해져 새로운 개념의 도시개발이 이루어진다.

지금은 아파트나 주거용 건물을 만들 때는 배치, 설계 및 인테

리어 자재의 고급화로 아파트를 업그레이드하고 있다. 만약 인간의 생명력을 활성화시키는 새로운 개념의 아파트가 만들어진다면 주거의 혁명이 이루어질 것이다. 이것이 바로 힐링아파트나 힐링시티의 개념이다.

병원, 요양원 및 실버 전문 주거단지 등에 설치하면 건강 증진에 도움을 주고, 학교에 파동육각수를 설치하면 학생들의 건강 및 학업 능력 향상에 도움을 줄 것이다.

이상과 같이 주요한 응용을 설명했지만 이외에 물이 들어가는 곳은 무엇이든, 열거할 수 없을 정도로 다양하게 활용할 수 있다.

종이의 파동 처리

종이를 만드는 제지(製紙)산업에 파동육각수를 응용하면 좋은 효과가 생긴다. 종이로 만드는 서적, 신문, 잡지에 좋은 파동이 전사되기 때문이다. 펄프 가공 단계에서 일정량의 파동육각수를 사용하면 된다.

좋은 파동이 발산되는 책을 읽으면 어떤 좋은 일이 인간에게 일어날까? 집중력이 올라가고 마음의 긴장감이 줄어들어 즐겁게 독서에 몰입할 수 있을 것이다. 주위에 가득한 전자파동으로부터 보호를 받을 수도 있다.

종이의 파동화로 인간이 건강해지고 발전한다. 이렇게 말하면 너무 지나친 발상이라고 말할지 모르지만 실제로 해 보면 확인할 수 있다. 좋은 파동의 물을 오랫동안 마시면 인간이 건강해지고 발전하는 것이나 똑같다.

종이가 발산하는 파동이 인간의 의식에 그대로 작용하는 것이다. 그것도 하루 이틀, 한두 사람이 아니라 몇 년 그리고 독서 인구 전체가 좋은 파동의 혜택을 입는다면 그 결과는 적지 않다. 좋은 책을 읽을 때 인간은 발전하는데 거기에 파동의 효과까지 겹치면 그 효과는 더욱 클 것이다.

자동차 세차(car washing)에 파동육각수를 활용

자동차를 이용하는 사람이 많으므로 자동차의 파동을 좋게 하면 많은 사람에게 좋은 일이 생긴다. 세차할 때 파동육각수를 이용하면, 차체 전체가 파동육각수에 의해 좋은 파동으로 바뀐다. 자동차 세차에 사용하는 파동육각수는 육각수의 함량이 낮아도 된다.

자동차 차체의 파동이 좋아져 접촉사고 등이 줄 것이다. 엔진 등의 기계적 성능이 개선되어 고장률, 소음과 매연이 줄어들고 연비가 개선될 것이며 운전자의 집중력 및 교통준법 의식의 향상에 의해 사고율이 줄어들 것이다.

세차만으로 이런 변화가 생기리라고 믿기 힘들겠지만, 바로 이런 변화를 가져오는 파동의 진실성에 마음을 열고 다가가 실천해 보면 체험할 수 있다.

◉ 파동육각수는 유전(油田)의 증산에도 활용된다

기름값이 배럴당 60달러를 넘어서는 등 고유가 행진이 계속되고 있다. 이란, 이라크 등 산유국의 불안과 중국, 인도 등 신흥 발전국가들의 수요가 증가 일로에 있기 때문이다.

　기름이 생산되는 유전(油田)의 경우 신생 유전은 땅 속의 기름 압력에 의해 기름이 분출되지만 오래된 유전의 경우는 기름을 뽑아내기 위해 다량의 물이나 용해제가 든 스팀(steam detergent)을 유전의 땅 속으로 밀어 넣어 기름을 뽑는다고 한다. 이때 사용되는 물에 파동육각수를 일정량 섞으면 파동의 공명에 의해 석유 생산 회수율이 증대할 것이다.

　필자의 회사인 제이스텝(주)는 다목적으로 활용되는 파동육각수 제조 시스템을 개발해 놓고 있다.

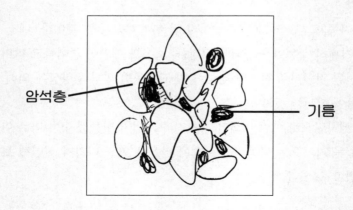

암석층

기름

【오래된 유전에서의 파동육각수의 활용】

　그림에서 보는 대로 암석층에 붙어 있는 기름을 생산할 때 외부에서 밀어 넣는 압력을 가진 물이나 수증기가 기름을 잘 용해시켜 분리해 주면 석유 회수율은 올라가게 된다. 이때 물에 파동육각수를 섞으면 좋은 물의 파동이 기름입자가 분리, 용해되는 과정에서 촉매제로 작용한다.

수증기를 만드는 물에 파동육각수를 일정량 섞어 주면 수증기가 특수 파동을 띠게 된다. 특수 파동이 있는 수증기는 용해 능력을 상승시킨다. 회수율 증가는 3~5% 전후가 될 것이다. 세계적인 에너지 부족의 심각성을 고려할 때 이러한 증가율은 결코 적은 양이 아니다. 이 경우 사용되는 파동육각수 생산시스템의 설비투자비도 그렇게 높지 않다.

기름 생산 시 파동육각수를 쓰면 생산되는 기름에 육각수의 파동이 즉각적으로 전해진다. 파동이 좋아진 기름은 저장, 연소 등의 과정을 거칠 때 보통 기름에 비해 공해 요소가 상대적으로 적고 오히려 주변의 파동을 좋게 한다.

예를 들면 좋은 파동이 깃든 기름으로 만든 석유화학 제품도 좋은 파동을 띠게 된다. 이렇게 좋은 파동을 띤 기름은 인류의 삶 전체에 획기적인 즐거움을 선사할 것이다.

기름이 연소될 때 발생하는 이산화탄소(CO_2)가 지구 온난화의 주범이라는 주장 때문에 이산화탄소 대책은 심각한 국제 문제로 대두되고 있다. 파동처리된 기름에서 나오는 파동이산화탄소가 대기 온난화에 미치는 영향은 실험된 것은 아니지만 확연히 적을 것이다.

파동처리된 기름을 연소시킬 때 CO, NOX, SOX 등 공해물질의 양은 상대적으로 줄어들 것이다. 파동기름의 연소 상태가 완전연소에 가깝기 때문이다.

본 아이디어를 실험해 본 예는 아직 없지만 세계의 누구라도 원하면 필자의 기술을 활용하여 실험해 보일 것이다. 인류가 파동의 개념에 진실로 눈을 뜨고 높은 기대감이 형성되면 파동처리된 기름이 만드는 플러스 효과는 클 것이다. 물과 파동의 획기적인 혁명이라 할 수 있다.

◉ 오염된 물의 파동적인 해결

각종 공해물질로 물이 오염되고 있기 때문에 마실 수 있는 물의 양이 점점 줄어들고 있다. 지구상의 물은 한정된 자원인데 인구는 증가 일로에 있으므로 물의 정제기술은 인간에게 대단히 중요하다. 파동의 관점에서 문제점과 해결책을 생각해 보도록 하겠다.

◉ 현대의 정제기술로는 오염된 파동의 정제는 불가능

인간이 마시는 물은 강이나 호수에 있는 민물이 그 대상이 된다. 민물도 지형적 특성에 따라 황토나 흙먼지로 오염되거나 석회석 등에서 녹아 나온 무기물 때문에 센물(硬水)이 되기도 한다. 또 수중생태계의 불균형에 의해 유기물로 썩어 버린 물도 많다. 그래서 지구촌에서 맑고 깨끗한 물은 정말 찾아보기 힘들다.

아프리카 대륙 빈민들은 마실 물이 부족한데 그나마도 장티푸스나 콜레라를 일으키는 세균들로 인해서 목숨을 잃고 있는 실정이다.

일상생활에서 쏟아내는 생활하수와 배설물이 수질을 심각하게 오염시키고 있다. 식량 생산과 각종 산업 활동에서 배출되는 오염물질의 양도 무시할 수 없다. 이런 현실적인 여건을 감안하면 오염물질을 제거하고 깨끗한 물을 만드는 정수기술에 의해 인간의 수명이 연장될 수 있다는 것은 사실이다.

　　그러나 현대과학의 정제기술은 오염물질의 입자를 제거하기는 하지만 오염물질의 고유파동은 제거하지 못한다. 그것은 체내에 축적되어 건강 저해 원인이 될 수 있다. 다음 도표에서 이 점을 정리했으므로 충분히 이해해 주기 바란다.

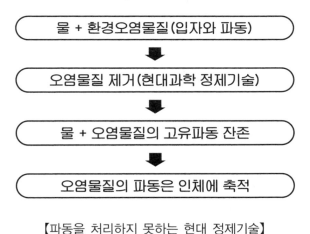

【파동을 처리하지 못하는 현대 정제기술】

　　현재 사람들은 눈에 보이는 물질 그 자체만을 생각하는 데 익숙해져 있기 때문에 눈에 보이지 않는 에너지의 존재나 작용에 대한 관심과 이해가 적다. 그러나 건강에 대한 본질적인 접근과 새로운 시각을 갖는 사람들은 최근 들어 파동에 눈을 뜨기 시작하고 있다.

물을 깨끗하게 처리하는 정수(淨水)기술의 범위에 파동의 개념을 넣고 오염 파동을 제거할 수 있는 방법을 연구해야 한다. 새로운 파동기술을 넣어 완벽하게 처리하면 그만큼 고객의 즐거움은 늘어갈 것이다. 파동육각수는 파동의 공명작용에 의해 오염 파동까지 정화할 수 있어 안심하고 마실 수 있다. 오염된 물의 파동적인 해결책으로 특수 파동기술이 대안(代案)이 될 수 있다.

파동육각수가 오염 파동을 해결한 사례

인간을 오염시키는 물질은 물, 공기, 음식, 약(藥) 등 다양한 경로를 통해 인체 내로 들어온다. 파동육각수로 오염된 물질의 잔존파동이 해결된 사례를 열거하면 다음과 같다.

▶ 농약 중독

25년 전에 농약을 실수로 마신 사람이 파동육각수를 음용한 결과 물을 마신 지 4~5일 후에 농약 냄새가 코로 나온 사례가 보고된 바 있다. 농약을 마신 뒤 위 세척 등의 응급조치로 생명을 구했지만 농약이 가진 고유파동은 25년간 계속 체내에 잔존해 있었다. 파동요법에 의해 파동육각수가 갖는 파동이 농약의 파동을 밖으로 배출시킨 것이다.

▶ 성병 환자의 약 중독

파동육각수에 의해 30년 전에 먹었던 성병치료제의 냄새가 입과 코로 나온 여자 음용자의 사례가 있었다.

생명 내부(Higher Self)로부터의 혁명

이상과 같이 인간은 환경 오염물질 외에 약물 섭취와 근무 환경에서의 유해가스 노출 등으로 끊임없이 외부물질의 미세한 파동이 인체 내로 들어오고 있다. 이렇게 몸 안에 축적된 나쁜 파동은 파동육각수의 파동으로 청소해 배출함으로써 해결이 가능하다. 오염된 물에 포함된 파동은 파동요법에 의해 정화될 수 있다.

◉ 파동육각수는 공기와 물을 정화한다

공기는 물과 같이 인간의 생명을 유지하는 데 필수적인 물질이다. 파동육각수가 오염된 공기를 정화시킬 수 있다.

공기의 공(空)은 비었다는 의미가 아니고 "순수하여 균형 (balance)이 잡혀 있다"는 뜻이다. 공기(空氣)는 인체에 유익한 자연의 순수한 기(氣)를 균형있게 함유하고 있다.

그러나 현재의 공기는 먼지, 스모그 등으로 오염되어 있고 특히 신축아파트의 경우는 실내의 페인트, 시멘트 등에서 발산되는 화학오염 물질로 거주하는 사람들의 건강에 좋지 않은 에너지를 발산한다고 걱정들이다.

사무실이나 집 안은 TV, 컴퓨터, 휴대폰 등의 전자제품에서 발산되는 전자파로 꽉 차 있다. 특히 생산 현장에서 오랜 시간 일하는 사람의 경우 취급하는 업종에 따라 특수한 화학물질이나 부품에서 나오는 각종 에너지에 노출되어 있다. 병원에서 환자들이나 방문자가 호흡하는 공기에는 환자들의 파동이 함유되어 있다.

요즘은 집, 아파트, 사무실, 병원 및 공장 등에서 환기와 정화

기를 갖추고 공기 정화 노력을 하고 있지만, 원래 공기 속에 함유된 순수한 에너지를 회복시키는 파동의 정화는 현대과학이나 기술로는 어렵다. 현대기술이 갖는 정화(淨化) 기능은 입자의 분리일 뿐, 오염물질이 내뿜는 고유의 파동을 깨끗하게 처리할 수는 없다.

⬡ 공기 힐러(air healer)로 공기를 정화한다

공기의 오염을 완전하게 해결하는 파동적인 방법은 무엇인가? 공해로 오염된 공기를 깨끗하게 청소(cleaning)하는 것은 파동육각수이다. 육각수가 포함된 강, 호수나 저수조 위를 공기가 지나가면 공기는 깨끗하게 정화되어 좋은 파동을 함유하게 된다. 이를 그림으로 정리하면 다음과 같다.

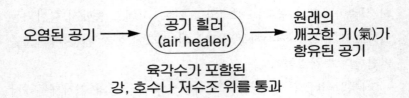

오염된 공기 ⟶ 공기 힐러 (air healer) ⟶ 원래의 깨끗한 기(氣)가 함유된 공기

육각수가 포함된
강, 호수나 저수조 위를 통과

【파동육각수에 의한 공기의 정화】

육각수가 오염된 물과 공기를 원래대로 정화시키는 것은 우주의 조화처럼 보인다.

태초의 물과 공기는 순수한 파동으로 되어 있었지만 인간이 살아가는 과정 중 전쟁, 환경오염, 나쁜 마음 등으로 둘 다 나쁜 파동으로 바뀌어 인간의 건강을 위협하고 있다.

육각수가 갖는 핵심작용인 생명력의 회복 곧 힐링에 의해 오염된 물의 파동까지 정화되는 것은 이미 설명한 바 있다.

위에서 설명한 대로 오염된 공기도 파동육각수에 의해 원래의 깨끗한 파동을 지닌 공기로 환원될 수 있는 것은 참으로 다행한 일이다.

눈이나 비에 의해서도 오염된 공기와 물이 부분적으로 파동이 정화된다. 눈은 20% 육각수를 함유하고 있어 눈이 부딪치는 공기의 파동이 정화되고 정화된 공기와 부딪치는 만물의 에너지도 그만큼 깨끗해진다.

비가 하늘에서 내릴 때는 10% 육각수지만 공기 층에 존재하는 오염된 물질에 의해 육각수의 에너지는 0으로 된다. 그래도 지구상의 공기나 물보다는 에너지가 높아 어느 정도는 정화 기능을 갖는다.

이렇게 대자연의 현상에 의해 인류에게 가장 소중한 물질인 물과 공기는 정화되고 있다. 마치 우주에서 인간을 비롯한 모든 존재가 오래오래 살아갈 수 있도록 스스로 조절 운영해 가는 우주의 섭리와 같은 시스템이다.

◎ 후세를 위한 좋은 물 만들기 운동

파동육각수는 인간의 육체를 건강하게 하고 마음의 의식을 높여 준다. 좋은 물은 세계를 아름답게 만든다. 아름다움(美)은 있는 것 그 자체만으로 사람을 즐겁게 한다. 인간이 좋은 옷을 입고 아름다운 꽃을 보고 밝게 웃으면서 아름다운 얘기를 할 때는 그 자체가 아름다움이다.

파동육각수를 병에 넣어 가지고 있는 것만으로도 세계는 아름다울 수 있다. 파동육각수가 갖는 파동으로 인간과 공간이 정화되기 때문이다. 파동육각수의 존재만으로도 지구는 아름답게 된다. 지구라는 행성에서 살아가게 될 우리의 후세(後世)를 위해, 지금 우리는 유한한 자원인 물을 보존하기 위해 무엇을 해야 할까?

◎ 자연의 순수파동 되찾기 운동

제이스텝(주)는 강, 호수의 물을 깨끗하게 하자는 취지의 운동을 실천하고 있다. 각종 공해로 신음하고 있는 강, 호수를 파동육각수로 정화하여 고유의 생명력을 회복시키는 운동을 전개하면서 '자연의 순수파동 되찾기 운동 연구소(Nature Wave Relaxation Institute)'를 1999년 9월 9일 발족하였다.

매년 1회 경기도 용담호에 '물 뿌리기'를 시행해 오다가 2003년부터는 전국의 강, 호수로 범위를 넓혔다. 이 운동의 취지에 공감하는 전국의 레민다 물 애호가 100여 명이 동참하고 있다.

【울산 태화강에서의 물 뿌리기 운동】

　4년 여간의 물 뿌리기 운동에 의해 용담호는 1급수가 되었다. 그리고 플랑크톤이 더욱 건강해지고 녹조현상이 크게 줄었다. 또한 붕어 등의 물고기가 건강해져 낚시꾼들이 즐거워하고 있다.

　어떻게 거대한 강과 호수의 물을 극히 적은 양의 육각수로 정화할 수 있을까 하는 의구심은 당연하다. 하지만 이러한 물질중심의 가치관을 떨치고 파동의 세계로 의식을 바꾸어 볼 필요가 있다.

　강과 호수에 뿌리는 파동육각수의 양에 관계없이 강과 호수의 나쁜 파동을 정화할 수 있다. 파동육각수가 강과 호수가 갖고 있는 생명력을 되살려 주면 깨끗한 물이 된다. 그리고 그 속에서 살아가는 수초와 물고기가 건강해지며, 그 물을 먹는 인간도 건강해질 것이다.

　파동은 생명을 소중히 하는 새로운 문화를 만들어 갈 것이다. "자연의 순수파동 되찾기 운동"이 파동과 같은 새로운 과학을 사랑하는 사람들을 중심으로 전국적으로 뻗어 나가길 기원한다. 파동육 각수가 세계로 보급되면 이 운동을 세계적으로 펼쳐 나갈 것이다.

◉ 자연의 순수파동 되찾기 운동의 목표 및 비전

제이스텝(주)는 이 운동을 펼치면서 아래와 같은 목표와 비전 을 정했다.

- 모든 생명체는 자연의 순수파동으로부터 출발하였다. 자연의 순수파동 되찾기 운동은 **생명력의 회복을 통한 생명존중과 자연보호운동의 일환으로** 전개한다.
- 강, 호수의 원래 모습은 깨끗하고 생명력이 넘쳤다. 환경파괴 등의 나쁜 파동으로 강과 호수를 신음하게 만든 것은 인간이다. **강과 호수에 자연의 순수 파동을 되돌려 주어 생명력을 복구 시키는 노력의 일환으로 이 운동을** 전개한다.
- 강, 호수의 생명력은 인간의 생명력과 직결되어 있다. 강, 호수가 영원히 살아야 인간도 후손 대대로 건강하게 살 수 있다. 강, 호수 그리고 인간의 건강과 행복을 위해 이 운동을 전개한다.
- 건강한 인간과 아름다운 자연은 인류의 삶의 터전인 지구촌을 풍요롭게 만들어 갈 것이다. 자연의 순수파동 되찾기 운동 에 동참하는 뜻있는 사람들을 계속적으로 확대하여 **행복을 공유하는 사회를 구현하는 기초로서 이 운동을** 전개한다.

⬡ 물도 시대에 따라 그 역할이 달라진다

필자는 21세기가 파동의 시대라고 생각한다. 우주가 그 어느 때보다 좋은 생명파동정보를 지구로 보내어 지구와 인류를 구하는 힐링작업을 강화하고 있다. 따라서 우주의 파동으로 물이 진화(進化)되어 물의 힐링기능이 높아지고 있다.

환경을 걱정하는 사람들은 물의 오염으로 언젠가는 인류에게 재앙이 닥치고 지구가 멸망할 수 있다고 우려하고 있다. 그러나 우주의 파동에 의해 물은 스스로 파동이 높아지고 인간, 동물, 식물을 포함한 생명체를 치유하며 궁극적으로는 인류와 지구가 동시에 깨끗하게 정화되어 행복해지는 방향으로 가고 있다.

인간과 지구가 정화되는 데는 물의 역할이 큰 만큼 앞으로 몇 년간은 비(雨)와 눈(雪)이 많이 내리고 그 파동도 점점 좋아지리라 예상된다. 비는 하늘의 높은 곳에서 만들어질 때는 10%의 육각수라고 설명한 바 있다.

한편 눈도 과거에 비해 상대적으로 많이 내리고 있는데, 눈은 20%의 육각구조의 수분을 함유하고 있다고 설명했다. 비와 눈은 홍수나 폭설로 인해 피해를 주기도 하지만 피해와는 비교가 안 되는 큰 이득을 인류에게 주고 있다.

물은 생명의 원료로서 인간을 비롯한 모든 생명체의 핵심물질이다. 우주가 인류와 지구를 살려내는 힐링의 시대로 접어들고 있다는 것이 필자의 직감이다. 물의 힐링작용에 의해 질병의 치유 및 예방이 이루어져 인간은 장수를 향유할 것이다.

제7장

일상생활에서 응용하는
파동학

7. 일상생활에서 응용하는 파동학

기존의 과학에도 파동학이 있지만 본 장에서는 필자가 10년 이상 연구한 결과를 중심으로 21세기의 새로운 파동과학을 소개하려 한다. 우주의 기본은 파동이고 파동은 인간에게 계속 생명의 정보를 전달해 주고 있다. 파동 기술을 연구하여 정립하는 과정 중에 파동학의 목표를 생각해 보았다. 파동학은 인간에게 무슨 의미가 있는지를 간단히 요약하면 다음과 같다.

- 인간의 의식을 건전하게 유지하는 조건이나 환경을 연구하는 학문
- 자연과 인간이 균형(balance)을 유지하는 데 무엇이 필요한가를 가르쳐 주는 학문
- 인간이 어디에서 탄생하고 어디로 가는지에 관한 여러 가지 의문에 대한 해답을 제공하는 학문

위의 세 가지 목표가 파동학이 존재하는 이유이면서 비전일 것이다.

◉ 파동의 세 가지 법칙

파동상품을 개발하여 체험하는 오랜 기간의 연구 결과 파동의 세계에는 몇 가지 원리나 법칙이 있음을 알게 되었다. 이 원리는 우주의 파동을 유효하게 자기 것으로 만드는 데 아주 중요하다. 파동공명이 100% 일어나면 힐링이 완벽하게 이루어지지만 대부분의 경우 100%에 미달한다. 그러면 파동의 법칙을 설명해 보겠다.

◉ 파동 제1의 법칙

파동을 받을 때 따지지 말고, 믿고 감사하는 마음으로 받아야 공명이 최대가 된다. 이것이 파동의 제1의 법칙이다.

파동원으로부터 파동을 받을 때 따지지 말고, 믿고 감사하는 마음으로 받으면 좋은 파동이 그대로 전달되어 파동의 효과가 크고 결과적으로 좋은 일이 생긴다. 만약에 의심하면서 이유를 따지면 파동이 왜곡되어 전달되므로 파동의 효과가 크게 줄어든다.

여기서 파동원이란 우주의 파동, 힐러(healer) 그리고 자신이 믿는 존재이다. 이 원리는 간단한 것 같지만 사람에 따라서는 실천하기가 그렇게 쉽지 않다. 고정관념이 큰 사람일수록 파동이나 힐링을 비과학적이라고 단정하기가 쉽기 때문이다. 이 원리는 매우 중요하므로 그림으로 표시하면 다음과 같다.

생명 내부(Higher Self)로부터의 혁명

파동의 효과가 커짐

파동원

좋은 파동이
그대로 옴

좋은 파동을
보내는 원천

믿고 감사하는 마음
(자연 그대로 받아들이고
감사하는 마음)

파동의 효과가 줄어듬

파동원

파동이 왜곡되어
돌아옴

좋은 파동을
보내는 원천

의심하면서
따지는 마음

【파동 제1의 법칙】

　이 원리를 생활 속에서 응용하면 대단히 효과적이다. 물건을 있는 그대로 보면 물건의 진동이 그대로 전달되고 여러 가지로 생각하면서 보면 잡음과 함께 그 물건의 진동이 돌아온다. 사물을 있는 그대로 보는 습관은 마음이 편해지는 지름길이기도 하다. 마음이 편해지면 인연이 있는 사람과의 만남이 이루어진다. 결과적으로 어려운 문제가 풀리거나 좋은 일이 생기는 등의 행운이 찾아온다.

◎ 파동 제2의 법칙

동일한 파동원이라도 수신하는 사람이 많을수록 파동원의 효력이 강해진다. 이 원리를 파동 제2의 법칙이라고 한다.

예를 들어 설명해 보겠다. 파동원이 특수한 파동육각수는 음용자의 숫자가 늘어날수록 그 효능이 커진다. 똑같은 물이라도 1만 명이 마실 때와 10만, 100만 명이 마실 때가 다르다.

왜 이런 현상이 실제로 일어날까? 음용자가 늘어나면 그만큼 상품에 대한 신뢰가 높아지므로 파동공명이 높게 작동하기 때문이다.

또 다른 예를 들어 보면 중환자의 치유를 염원하는 기도를 할 때 한 사람의 기도와 100명의 기도 효과는 크게 다르다. 기도주문이 똑같아도 100명일 때가 치유의 효험이 높게 나타난다.

◎ 파동 제3의 법칙

어떤 사람의 파동의 세기(pulse)가 크게 떨어지면 주변의 파동을 끌어들인다. 이 원리를 파동 제3의 법칙이라 부르며 일명 파동유인(誘因)의 법칙이라고도 한다. 이 원리는 여러 가지로 설명이 가능하다.

우리는 살아가면서 열심히 노력했음에도 불구하고 성공을 이루지 못해 돈과 기력(氣力)을 다 잃는 경우가 허다하다. 그러나 진인사대천명(盡人事待天命)이라고, 최선을 다하면 결국 일이 성취

된다.

파동유인의 법칙은 우주 속에 엄연히 존재하지만 위기에서 누구나 성공적으로 탈출하는 것은 아니다. 파동유인으로 위기에서의 회복 가능 여부는 인간이 결정하는 것이 아니라 우주의 몫이다.

그러므로 결과에 연연하지 말고 자기가 할 일에 최선을 다하는 방법밖에 없다. 최선을 다하면 우주와의 공명에 의해 파동의 유인이 일어난다.

이 지구상에서 가장 극적으로 파동이 유인된 예는 예수와 석가모니, 이 두 성인(聖人)의 경우이다. 예수는 십자가에서 죽음의 순간에도 적을 미워하지 않고 용서하는 마음을 가졌다. 죽음은 생명의 파동이 제로(zero)로 떨어지는 때이다. 그때 우주는 가장 높은 생명에너지를 보내 그를 재생시켰다. 파동의 유인이 이루어진 것이다.

석가모니가 6년간의 산중 고행 기간 동안 먹고 잠자는 것이 얼마나 어려웠겠는가. 이때 그의 육체적 파동은 극도로 떨어져 있었다. 비록 육체의 힘은 없었지만 6년간의 명상에서 얻은 바를 대중에게 전하고 싶은 그의 자비심이 우주의 파동을 받으면서 깨달음에 이르게 된 것이다. 이것이 바로 파동의 유인이다.

우주 속에 파동유인의 법칙이 존재한다는 것은 인간을 위대하게 만드는 숨은 우주의 메커니즘인 것 같다.

◉ 파동의 작용 메커니즘

파동육각수를 마신 경우 파동이 인간의 의식과 세포에 어떻게 작용하여 육체를 움직이는 것일까? 그 작용 과정을 설명해 보겠다. 파동육각수는 그 속에 우주의 파동이 녹아 있다. 파동은 신호를 전달하는 매체가 된다. 파동육각수를 마시면 의식에 먼저 작용하며, 의식은 신호에 반응한다.

의식은 받은 신호를 나름대로 해석하여 각 세포 부위에 모르스 부호의 집합과 같은 신호를 보내 필요에 따라 육체를 제어한다. 모르스 부호의 집합이 달라지면 신체의 반응도 제각기 달라지게 된다.

인간의 의식이 세포에 긴장감을 주려면 긴장감의 신호에 맞는 모르스 부호를 시그널로 보낸다. 예를 들면 며칠 간 육체를 쉬게 하고 싶을 때는 세포에 감기나 몸살 등의 가벼운 질병에 해당하는 시그널을 보내어 집에서 강제로 쉬게 만든다. 이렇게 의식은 신호의 사령탑 역할을 한다.

세포의 집합인 육체는 의식이 보내 주는 신호대로 작용한다. 세포의 활동에 따라 생명력은 달라진다. 이러한 생명활동은 세포와 우주가 서로 파동공명으로 교신하는 가운데 변화한다.

여기서 '우주'를 '마음'으로 해석하면 이해가 더 빠를 것이다. 인간의 마음이 우주 속으로 공명하기 때문이다. 이상의 설명을 그림으로 나타내면 다음과 같다.

생명 내부(Higher Self)로부터의 혁명

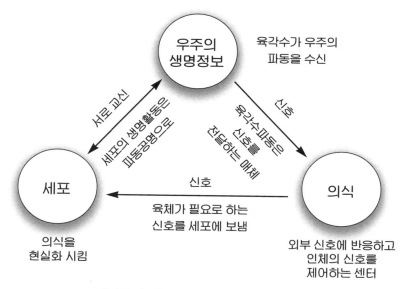

【파동이 인체에 작용하는 메커니즘】

◉ 바이오리듬과 활용 방법

파동은 지구상에 존재하는 모든 존재(생물과 무생물 포함)들이 발산하는 에너지이면서 그들의 고유(固有)한 생명의 표시이기도 하다. 생명의 습관에는 일정 주기를 갖는 바이오리듬(biorhythm)이 있는 바 인간과 지구에 똑같이 존재한다.

◉ 인간의 바이오리듬의 특성과 활용 방법

인간의 바이오리듬 기준은 3.5이다. 3.5달, 3.5년 등이 그것이다. 3.5일은 짧은 경우이고 가장 긴 것은 3.5년이다. 예를 들면 어떤 사람이 파동육각수를 마셨을 때 그 효과가 빠른 경우는 3.5일에 나타나고 가장 늦은 경우는 3.5년까지 걸리기도 한다. 인간의 생명의 습관은 이렇게 3.5를 주기(週期)로 사이클을 그리는 바 3.5의 2배가 되면 7이 된다. 이를 그림으로 나타내면 다음과 같다.

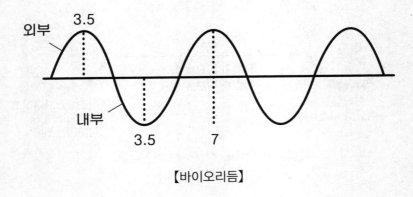

【바이오리듬】

　바이오리듬은 상하(上下)의 사이클을 그리는데 기준선을 중심으로 상하를 각각 외부주기(外部週期), 내부주기(內部週期)라고 한다. 외부, 내부의 주기는 바이오리듬이 생체에 미치는 영향에 차이가 있어 이 작용의 차이를 제대로 이해하면 성공적인 삶을 영위하는 데 크게 도움이 된다.

　외부주기의 경우는 좋은 감정, 좋은 상념이나 나쁜 감정, 나쁜 상념이 그대로 실현된다. 내부의 경우는 나쁜 감정, 나쁜 상념은 질병의 형태로 나타나고 좋은 감정, 좋은 상념은 좋은 건강으로 나타난다.

　외부주기에는 건강에 관심없이 비즈니스에 열중하는 것이 좋

생명 내부(Higher Self)로부터의 혁명

으며, 내부주기에는 사업적으로는 밖으로 확대해 나가는 것보다 지금 있는 사업을 착실히 유지하는 쪽이 좋다. 내부주기에 파동육 각수를 마시면 특별히 좋은 결과를 얻을 수 있다.

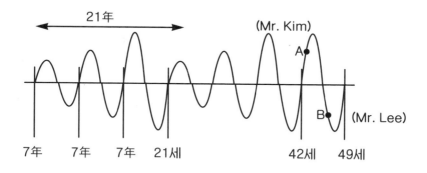

【바이오리듬의 예】

바이오리듬을 생활 속에서 응용하도록 예를 들어 설명해 보겠다. 그림을 보면서 Mr. Kim(43세), Mr. Lee(47세)의 경우를 바이오리듬의 측면에서 분석해 보자. Mr. Kim의 나이는 43세이므로 바이오리듬이 A점에 위치하고 외부주기에 해당한다. Mr. Lee의 나이는 47세이므로 B점에 위치하고 내부주기에 해당한다.

Mr. Kim은 외부주기에 위치하므로 좋은 물을 마시되 건강을 생각하지 말고 자기의 일 즉 비즈니스에 긍정적으로 열중하면 건강도 증진되고 사업에서도 성공할 것이다. 그렇지 않고 자기의 건강 상태, 예를 들면 고혈압이 좋아져야 되는데 하면서 물을 염려하고 마시면 부정적인 상념이 그대로 실현되므로 효과를 제대로 보기가 힘들 수도 있다.

　Mr. Lee는 내부주기에 해당하므로 사업적으로는 내실 위주로 운영하는 것이 좋으며, 파동육각수를 마시면서 물의 효능에 확신을 갖고 좋은 상념을 하면 특별히 좋은 효과를 거둘 수 있다.

　또 세월이 지나 Mr. Kim이 47세가 되면 그때는 내부주기에 해당하므로 내실 위주의 운영으로 건강도 호전될 기회가 있다. Mr. Lee가 50세가 되면 그때는 외부주기가 되므로 사업 확장 등에 전념하는 것이 사업과 건강 동시에 좋다. 나이에 따라 그 사람의 바이오리듬이 변화하는 것과 그때의 주기에 맞는 인생 전략을 세울 필요가 있음을 이해할 필요가 있다.

　이렇게 생명의 주기를 잘 이해하고 생활하면 인생을 효율적이며 강건하게 보낼 수 있다. 이것이 그 사람의 운명을 결정한다.

　일례를 들어 금연을 결심하고 실천에 들어갔을 때 3.5 단위로 계속해서 체크하면 성공할 수 있다. 3.5일간 금연에 성공했다면 7일에 다시 체크해 보고 금연이 계속되면 습관으로 정착시킬 수 있다. 그렇게 3.5개월, 3.5년까지 성공하면 거의 금연은 이루어진 것이다.

◉ 바이오리듬의 개인별 속성

　인간의 바이오리듬은 3.5가 기준이지만, 같은 주기(週期) 내에서 파동의 펄스(pulse)는 크게 두 가지 형태로 구분된다.

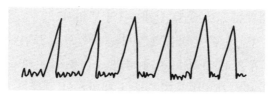

높은 펄스(pulse)가 자주 나타나는 파동

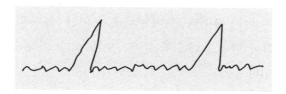

높은 펄스(pulse)가 자주 나타나지 않는 파동

위의 그림에서 높은 펄스(pulse)가 자주 나타나는 것은 생명력
이 활성화되는 좋은 파동을 나타낸다. 높은 파워(pulse)는 파동의
파워가 높은 것을 의미한다. 위의 두 그림에서 표시된 파동의 정
량적인 해석보다는, 상대적으로 좋은 파동의 형태와 나쁜 파동의
형태가 어떻게 다른지를 그래프로 이해하기 바란다.

⬡ 지구의 바이오리듬

지구도 인간과 주기는 다르지만 바이오리듬이 있다. 지구는
큰 생명체이고 그 속에 지구의 고유한 마음이 있다. 지구의 바이

오리듬은 짧게는 3,600년, 길게는 1억 년이다.

지구도 인간과 같이 마음먹은 바를 바깥으로 표현한다. 짧게는 3,600년의 주기로 자기 표현에 따라 소리를 내는데 그때 지구상에 두 가지 변화가 있다. 지구상의 생명체의 종류가 증식되기도 하고 생명체의 개수가 증식되지 않을 때는 생명체의 지적 진화(知的進化)가 이루어지기도 한다.

여기서 지구가 소리를 낸다는 의미는 지구가 독특한 파동을 발산한다는 뜻이다. 지구는 큰 생명체로서 인간, 동식물 등이 지구상에서 진화하면서 조화롭게 살아가도록 좋은 파동을 끊임없이 보내 주고 있다.

우주에는 수많은 별들이 존재한다. 별 하나하나도 지구와 같이 생명체이고 우주는 더 큰 생명체인 것이다. 지구의 중심에는 지구의 마음이 있고 그 마음은 우주의 핵심과 파동적으로 공명한다. 지구는 우주의 핵심으로부터 파동을 수신하여 생명체로서의 기능을 수행하고 있는 것이다.

◉ 파형과 파동의 종류

우리가 살아가는 우주에는 여러 가지 파형과 파동의 종류가 있다.

◉ 파형의 종류

다음의 네 가지 파형(波形)이 우리가 살아가는 우주 속에 존재한다.

(A)
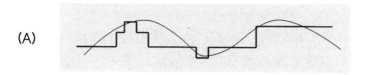

큰 파동의 변화는 기기로 검사가 되지만 인간의 생명체는 이러한 큰 파동에 역반응하여 대응하려고 한다.

(B)

(C)
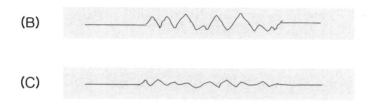

미약한 에너지를 가진 정밀한 파동은 현대의 과학이 내버려둔 분야이다.

(D)
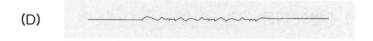

제이스텝(주)는 파동기술의 공명에 의해 (A), (B)와 같은 큰 파동을 (C), (D)와 같이 안정된 파동으로 바꾸는 데 성공했다.

이렇게 안정화된 파동은 생명체가 받아들여 좋은 생태적 효과를 낸다. 이러한 파동 속에는 생명체가 릴랙스(relax)되고 활성화되는 많은 정보가 포함되어 있기 때문이다.

◉ 파동의 종류

파동이라고 해서 다 같은 것이 아니라 파동마다 수준(level)이 있다. 그런 이유로 파동의 파워(power)에도 차이가 있고 파동요법의 효능에도 차이가 있다.

파동에는 원자 주변의 파동(상대파동)과 원자 중심의 파동(절대파동) 이렇게 두 가지가 있다. 파동육각수는 절대파동이며 그 외의 파동은 상대파동으로, 절대와 상대의 구별은 인간의 체험으로만 가능하다.

절대파동은 인간을 포함한 생명체가 마이너스에 치우치는 힘을 중간으로 끌어와 플러스 쪽으로 가게 하는 힘을 가지고 있다. 이러한 파동의 작용은 현대과학에서는 찾아보기 힘들다. 이 부분은 기계로 측정이 어렵고 체험으로만 확인되는 인간중심의 과학 범주에 속한다. 파동의 종류를 그림으로 나타내면 다음과 같다.

원자 주변의 파동

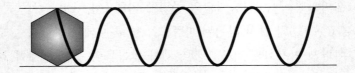

물질의 원자 주변에서 생기는 파동이다.

원자의 중심파동

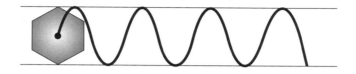

원자의 핵이 진동하는 데 따른 파동이다.

그러면 물체의 실질적 파동은 어떻게 나타날까? 여기에 조개(shell)가 있다고 하자.

- 조개의 원자 주변의 파동
- 조개 내부의 핵심 즉 조개의 생명이 내는 원자의 중심파동

이 두 파동의 조화(harmony)가 조개 전체의 파동이 된다.
인간의 경우는 조금 다르다.

- 마음의 핵심(direct spirit)에서 나오는 파동
- 선조로부터의 유전요소에서 나오는 파동
- 육체적인 요소에서 나오는 파동

이 세 가지 파동의 조화가 인간의 파동이 된다.

사람이 달라지면 위의 세 가지 파동은 다 달라진다. 마음의 핵심에서 나오는 파동은 우주의 파동과 공명하는 파동이므로 절대파동이다. 그러나 그 사람이 갖는 선조로부터의 파동과 육체적인 요소에서 나오는 파동의 영향으로 마음의 핵심파동도 다소 영향을 받아 바뀌게 된다. 따라서 사람마다 파동이 다른 것이다.

◉ 파동의 측정과 파워

현재의 과학으로는 파동의 측정과 파워를 설명하거나 기준을 제정하기가 힘들다. 제이스텝(주)가 개발하여 설정한 독특한 표준(manual)을 설명하고자 한다. 표준의 근거를 제시할 수는 없지만 미래 파동과학의 기본이 될 것이다.

◉ 파동의 측정

현재의 파동 측정기술은 원자 주변의 파동 즉 겉만 측정할 수 있다. 물질의 파동은 원자의 중심파동이 중요한데, 중심파동은 기기로는 측정이 안 되지만 인간의 잠재의식은 정확히 알고 있다. 사람에 따라 원자의 중심파동은 좋은데 원자의 주변파동이 나쁜 경우도 있다.

◉ 파동의 파워(power)

파동의 흐름은 파워가 높은 곳에서 낮은 곳으로 흐른다. 파동의 파워 기준 역시 파동이 가장 높은 우주를 기준으로 한다. 우주가 최초에 창조될 때의 파워를 1조(兆)R(recreation)이라고 정하고 다른 물질의 파동은 상대적인 비교로서 그 파워를 규정한다.

• 다이아몬드(diamond)가 사람의 축복과 함께 채광되었을 때 :

25R~45R
- 다이아몬드가 발견되지 않고 땅속(地中)에 있을 때 : 3,000R~4,500R
- 다이아몬드가 열 사람의 손을 거쳐 최후의 1인에 전달되어 즐거움을 줄 때 : 12,000R~28,000R

위의 내용을 간단히 그려 보면 다음과 같다.

【유통의 단계】

최후의 고객이 갖는 즐거움의 파동은 땅에서 발굴되었을 때의 파동보다 약 500~1,000배 상승한다. 이렇게 높아진 파동은 유통 단계에 있던 열 사람에게도 전달된다. 상품의 유통에 의해 파동이 크게 높아지면 즐거움도 커진다. 이것이 비즈니스가 갖는 중요성이다.

좋은 물은 마시는 사람에게 반드시 즐거움을 준다. 좋은 물을 마시며 즐겁지 않은 사람은 없다. 이것이 물의 비즈니스가 갖는 중요성이다.

물질의 파동은 접촉을 통해 즐거움을 전달하는 데, 물질은 상대가 즐거움에 반응할 때 파동이 더욱 증대된다. 이것을 그림으로 나타내면 다음과 같다.

【마음이 물질을 변화시킨다】

인간의 마음이 물질에 영향을 준다. 앞서 설명한 대로 이 현상은 양자역학적인 실험으로 확인된 바 있다. 이렇게 인간의 마음이 물질의 파동을 크게 바꾸는 일례를 살펴보자.

• 난(蘭) 화분에 꽃이 피었다. 꽃의 생장 변화에 따라 난의 파동은 아래와 같이 바뀐다.
 — 꽃이 피어 있을 때 : 200R + α
 — 그 꽃을 많은 사람이 보고 즐거워할 때 : 250,000R
 — 꽃이 떨어졌을 때 : 25R
인간의 마음에 따라 물질의 파동은 바뀌게 된다.

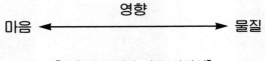

【마음과 물질의 파동 관련성】

위의 예에서 난의 꽃이 피었을 때 파동의 파워(power)는 200R+α인데, 많은 사람이 꽃을 보면서 즐거워 하면 꽃의 파동이

250,000R까지 크게 올라간다. 그리고 꽃이 지면 보는 사람의 즐거움이 없어지면서 꽃 또한 인간 마음의 영향을 받아 파동이 25R로 크게 떨어지게 된다.

고정된 물질을 볼 때는 언제나 외관만 보기 때문에 똑같다고 여긴다. 우리가 언제나 애용하는 휴대폰도 엄밀히 말하면 언제나 바뀐다. 비록 외견상으로는 똑같지만 휴대폰의 내면은 사용자의 마음에 의해 계속 바뀌고 있는 것이다.

다시 말하면 휴대폰 자체의 파동과 휴대폰 사용자의 마음의 파동이 서로 융합되어 최종적인 휴대폰의 파동이 결정된다. 이를 그림으로 일반화 시키면 다음과 같다.

【물질과 마음의 융합이 물질의 최종적인 파동을 결정】

위의 그림과 같이 물질과 사용자의 마음이 함께 작용하여 최종적인 물질의 파동이 결정된다.

물질의 파동은 그 물질을 소유한 사람의 마음에 따라 플러스 즉 좋은 방향으로 되기도 하고 마이너스 즉 나쁜 방향으로 되기도 한다.

임종(臨終)의 순간, 지나간 자기 인생에 대해 감사하며 즐겁게 죽음을 맞으면 그 사람의 영혼은 좋은 파동으로 바뀔 것이고, 회한과 눈물로 슬프게 죽음을 맞으면 나쁜 파동으로 바뀔 것이다. 이렇게 인간의 마음은 모든 것에 영향을 준다.

제**8**장

파동상품의 기술과
그 보급의 필요성

8. 파동상품의 기술과 그 보급의 필요성

필자는 우주의 파동을 상품에 공명시키는 기술을 개발하였다. 이 책에서 소개하는 파동상품은 우주의 파동이 상품 속에 녹아 있는 절대파동의 상품이다. 우주의 파동을 상품을 통해서 활용하면 인간은 건강, 능력, 경제 면에서 크게 발전할 것이다.

우주의 파동을 생활에 접목하는 기술은 컴퓨터와 같은 첨단 기계 기술이 아니다. 필자가 개발한 "생명과 파동공명의 원리"를 응용한 것이다. 인간이 물질적인 면에서 한없이 성장하고자 하면 환경파괴와 자원 고갈이라는 한계에 직면할 수밖에 없다. 차세대 기술은 인간의 잠재의식과 영적인 능력을 최대로 활용하는 것이 될 것이다. 이러한 기술이 보편화될 때 인간은 영성이 높아지고 진정한 행복을 공유하게 될 것이다.

차세대 기술이 현실화되는 시기를 앞당기기 위해서 현재의 파동 기술이 상품과 산업에 널리 보급되어 많은 사람의 사랑과 신뢰를 받기를 기원한다.

◉ 파동상품이란?

파동상품은 기존의 상품에 파동을 넣어 힐링 기능을 추가한 상품이다. 상품을 파동화(波動化)한다는 것은 현대과학기술로는 생소하고 납득이 가지 않는다. 파동화란 '눈에 보이지 않는 파동을 상품에 넣는다'는 뜻이다. 파동은 크게 두 가지로 분류할 수 있다. 원자 주변의 진동에서 나오는 상대파동과 원자 중심에서 나오는 절대파동이 그것이다. 이 책에서 집중적으로 설명하고 있는 파동은 절대파동이다. 절대파동은 원자의 핵심에서 나오므로 우주의 파동과 공명하게 된다. 우주의 파동은 우주에서 최고 레벨의 파워를 갖고 있다.

◉ 우주의 파동에 공명하는 파동상품

우주의 파동을 어떻게 공명시키는가? 레민다 파동상품(이하 파동상품이라 말한다)을 만드는 파동화 기술은 세계 최초이면서 창조적 기술이라고 감히 말할 수 있다. 파동상품은 우주의 파동에 공명하는 상품을 말한다. 파동상품은 우주의 파동에 공명하여 상품을 사용하는 사람에게 우주의 파동을 전달한다. 파동상품의 개념을 그림으로 간단히 그려 보면 다음과 같다.

생명 내부(Higher Self)로부터의 혁명

【파동상품의 개요】

우주의 파동은 우주에 꽉 차 있다. 인간은 누구나 우주의 파동 속에서 살아간다. 그러한 우주의 파동을 파동공명의 원리를 응용하여 상품 속에 활용하는 기술을 필자가 개발한 것이다. 우주의 파동이 인체에 작용하면 마이너스 유전자를 정화하여 생명력을 활성화시킨다. 파동상품의 공통적인 작용이 바로 생명력의 활성화이다. 그러나 대부분의 사람들은 파동이라는 개념 자체에 대한 이해가 부족하여, 우주의 파동이라고 해서 특별한 관심을 갖지 않는 것이 현실이다.

파동화 기술이 새로운 과학으로 정립되어 대중의 신뢰를 받고 파동상품이 널리 보급되면 인간의 삶은 획기적으로 발전할 것이다. "위대한 우주의 파동을 자유자재로 상품과 산업에 응용한다"는 꿈같은 상상이 현실화되고 있다.

필자는 현대기술과 과학의 단계적 개선만으로는 고객에게 감동을 주지 못하는 시기가 오리라고 생각한다. 그런 시대를 대비한다는 측면에서도 파동화를 통한 새로운 상품과 비즈니스를 발전시켜야 된다는 것이 필자의 주장이다.

◎ 기술은 무한히 진화할 것이다

기술은 인류의 필요성(needs)에 의해 발전해 오고 있다. 인류의 의식이 발전하는 것만큼 필요성도 새롭게 진화할 것이다. 인간의 의식은 무한히 진화할 것이라고 생각한다.

◎ 기술의 진화 단계

인간의 의식이 진화할 방향을 예측하고 그에 따른 기술의 발전단계를 추정해 보았다. 다음과 같이 기술이 진화할 것이라는 게 필자의 예측이다.

Technique(기능)

⬇

Technology(기술)

⬇

Mind technology(마음의 기술)

⬇

Psychic technology(영적인 기술)

⬇

Creative technology(창조적 기술)

⬇

Universal technology(우주적 기술)

【기술의 진화 단계】

생명 내부(Higher Self)로부터의 혁명

기술은 원시시대부터 출발한다. 그때는 인간의 오감(五感)의 범위에서 정해진 틀에 맞춘 것으로 '기능(technique)'의 수준이다. 그 당시는 먹이를 구하는 창(槍)을 만들고 음식을 담는 그릇을 만들거나 불을 피우는 불쏘시개 등을 만드는 기능만으로 만족하였다. 그 후 좀더 편리함과 효용성을 추구하면서 광범위한 기술(technology)의 시대가 20세기까지 발전해 왔다고 할 수 있다.

21세기에 접어들면서 좋은 느낌, 자연친화적 감성의 추구라는 인간의 욕구가 기술(technology)에 추가되면서 마음의 기술(mind technology)시대가 열리고 있다.

마음의 시대가 더욱 발전하면 인간의 직감은 높아지고, 텔레파시(telepathy), 마인드 컨트롤(mind control) 등의 고도한 심리학적인 기술의 시대를 열어 갈 것이다. 이 시대가 영적(靈的)인 기술(Psychic technology)시대이며 2025년 전후가 그 시기가 될 것이다. 그때는 인간의 사고(思考)와 직관의 균형에서 나오는 합리적인 생각은 무엇이든지 실현할 수 있다.

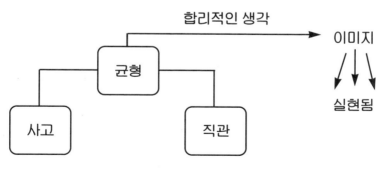

【영적인 기술의 시대】

창조적 기술(creative technology)시대에는 인간의 창조력이 중심이 된다. 이 시대에는 인간의 직관보다는 창조성이 최고로 활성화될 것이다. 이 시대에는 창조성이 있어야 비즈니스가 된다. 인간의 진정한 창조성은 무(無)에서 유(有)를 만드는 것이다. 현시점에서 말하는 창조성과는 본질적 차이가 있다. 창조적 기술 시대의 개막은 22세기쯤 되지 않을까 예측해 본다.

마지막으로 기술의 최후 진화 단계인 우주적 기술(universal technology)시대가 될 것이다. 지금도 인류는 우주를 탐험하기 위해 인공위성을 발사하고 우주를 활용하는 기술 개발에 노력하고 있다. 그러나 이런 기술이 우주기술은 아니다. 지금의 우주기술은 경쟁을 통한 선점의 목적과 자기 이득만을 생각하기 때문이다.

우주적 기술의 시대는 우주, 자연에 공헌하는 기술만이 인정되고 그렇지 않으면 붕괴되는 그런 시대가 될 것이다. 그때 인간의 의식 수준은 지금과는 완전히 다르리라고 추정된다. 우주적 기술 시대의 타이밍은 지금부터 200년 이후가 되지 않을까? 기술은 인류의 필요성에 의해 진화하지만, 우주가 팽창하고 있듯이 인간에게도 무한으로 발전하려는 욕구가 있다.

◉ 파동기술이 발전하면 영적인 기술시대가 빨리 열린다

기술이 한 단계 진화하는 데 소요되는 기간은 인간의 의지에 달려 있다. "참, 저런 기술이 빨리 실현되면 좋겠다"는 인간의 염원이 모여야만 기술은 높은 단계로 발전하는 것이다. 소망하는 바가 강하면 소요 기간은 당겨질 수 있고 그렇지 않으면 정체될 수밖에 없다.

다시 기술의 발전 단계로 되돌아가 정리해 보면 다음과 같다. 지금의 기술 단계를 마음의 기술(mind technology)이라 할 때 인류는 조속히 영적인 기술의 시대(psychic technology)로 진화해야 한다.

영적인 기술시대가 되면 인간의 영성이 높아져 진정한 자아의 실현과 우주와의 조화로운 삶이 가능하게 될 것이다. 인간은 자유로운 삶 속에서 행복을 공유하는 완벽한 사회가 될 것이다.

레민다 파동기술과 같은 특수한 기술이 새로운 기술로 자리를 잡아 간다면 지금의 단계에서 영적인 기술시대로 진입하는 것은 시간문제다. 영적인 기술시대가 열려야 인류도, 지구도 구원되고 영원히 발전할 것이다.

◉ 네 가지의 파동화 기술

제품의 기능을 획기적으로 향상시키는 것은 인간의 창조성밖에 없다고 본다. 제품의 창조성 혁신으로 고객은 즐거움을 느낄 것이다. 상품에 우주의 파동을 첨가하는 파동화 기술에는 네 가지 방법이 있다. 파동육각수, 파동 디자인, 파동의 돌, 파동의 전사(轉寫)장치를 활용하는 것이다. 앞의 네 가지 방법 중 1개 혹은 2개를 복합적으로 응용한 상품이 레민다 파동상품(이하 파동상품으로 표기)이다. 파동육각수를 응용하는 상품과 산업부문은 이미 설명한 바 있다.

◉ 파동화 기술이 비즈니스를 변혁시킨다

　우주의 파동을 상품과 비즈니스에 접목하는 것은 이제까지 없었던 기술이다. 인간과 우주를 연결하는 새로운 과학인 것이다.

　네 가지의 파동화 기술은 아래 그림과 같이 요약할 수 있다.

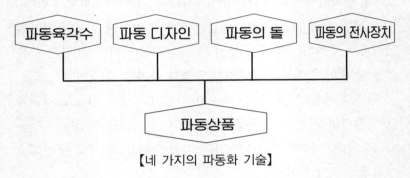

【네 가지의 파동화 기술】

　기존의 물질적 사고방식에서만 보면 물질의 효능을 증대시키기 위해서는 물질을 만드는 과정, 성분, 부품 추가 등이 필요하다. 그렇게 하다 보면 생산비용이 계속 오르고 그로 인한 물질의 소모가 늘어 환경파괴는 멈추지 않을 것이다. 물론 물질적 변화 없이 디자인을 바꿈으로써 인간의 감성을 자극하는 방법이 있지만 이 방법 역시 한계가 있다. 기계적이고 물질적인 것만을 추구하는 현재의 사고방식으로는 결코 행복할 수 없는 시대가 반드시 올 것이다.

　파동화 기술이 물질의 성능에 이제까지 없었던 파동의 작용을 낮은 비용으로 추가한다면 그런 상품은 인간에게 신선한 즐거움을 제공할 것이다. 이 새로운 방법은 현재의 비즈니스 세계를 혁명적으로 바꾸어 미래의 비즈니스를 형성해 갈 것이다.

◉ 파동 디자인에 의한 파동화

파동 디자인이 무엇이며 인체에 어떻게 작용하는지를 설명해 보겠다.

특수한 형상(pattern)을 통해 물질의 효능을 바꿀 수가 있을까? 가능하다. 예를 들면 시계는 시간을 알려 주는 상품이다. 그 시계의 문자 표시판에 특수한 형상을 디자인하여 놓으면 그 특수한 설계 디자인이 시계의 성능에 또 하나의 효능을 추가할 수 있다. 그 특수한 디자인으로 시계를 소지한 사람의 건강이 좋아진다거나 어려운 일이 쉽게 풀리는 행운을 맞을 수 있다.

시중에는 여자들의 옷(衣)에 기능성을 부여하기 위해 특수 소재를 코팅하는 경우가 있다. 그러나 파동 디자인을 한 스티커를 옷의 특정 부위에 부착함으로써 옷에 기능성을 부여할 수 있다. 이 방법은 기존의 방법에 비해 값도 저렴할 뿐만 아니라 효능을 차별적으로 높인다. 여자의 내의를 비롯한 남녀가 입는 의류 전체에 적용이 가능하다.

이렇게 우주의 파동을 끌어들이는 특수 형상의 디자인을 파동 디자인이라고 부른다. 인간이 가진 물질적 사고방식과 고정관념으로는 파동 디자인의 효능을 받아들이기가 힘들 것이다.

새로운 파동기술에 대한 열린 마음과 기대감을 가져 보는 것이 중요하다. 그 다음으로는 새로운 기술에 대해 공부하면서 파동상품을 직접 사용하며 체험해 보는 것이다. 이 방법이 파동 디자인에 의한 파동상품을 생활화하는 유일한 길이다.

◎ 파동형상학(波動形狀學)

특수한 형상이 그 형상에 고유한 파동을 발산하는데, 이러한 새로운 파동의 과학을 파동형상학이라 이름짓는다. 인간의 잠재의식에는 많은 정보(건강, 아름다움, 행운, 안심 등을 가져다주는 정보)가 있는데, 특정 정보에 파동적으로 공명하는 형상을 제이스텝(주)가 찾아내는 데 성공한 것이다. 제이스텝(주)는 인간의 잠재의식에 존재하는 특수한 형상을 알아내어 파동 디자인으로 연결하는 창조적 능력을 보유하고 있다.

특수한 형상과 고유파동의 예를 들면 아래와 같다. 파동설계의 예시는 제이스텝(주)의 정보 데이터베이스의 극히 일부분에 지나지 않는다.

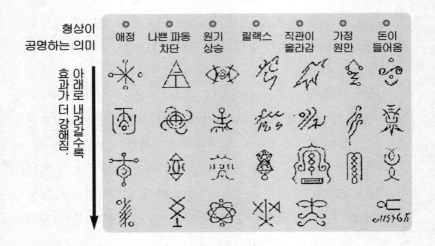

【파동형상이 끌어오는 공명의 의미】

◉ 작용의 메커니즘

파동 디자인이 끌어들인 우주의 파동이 잠재의식의 특정정보
와 공명하게 된다. 예를 들면 인간의 직관을 높여 주는 파동 디자
인을 활용한 상품이 있다고 하자. 이 파동 디자인이 끌어들인 우
주의 파동이 잠재의식 내의 직관의 정보와 공명하게 된다. 그러
면 잠재의식의 직관이 활성화되면서 현재의식으로 연결되어 현실
화된다. 이러한 파동형상의 작용 메커니즘을 그림으로 표시하면
다음과 같다.

【파동형상학의 작동 원리】

◉ 파동 디자인을 응용한 상품

의복, 액세서리, 시계, 전자제품(TV, 냉장고, PC, 휴대폰 등)
주방기구(프라이팬, 부엌칼 등), 생활용품(가방, 신발, 구두, 핸드
백, 지갑 등)의 모든 제품에 응용이 가능하다. 현재 판매되고 있는
상품 중에서 세 가지를 설명하면 다음과 같다.

◉ 파동치약 — 상품명 : 라이프에너지

치아의 각종 질환 및 미백 효과를 나타내는 기능 성분을 여러 가지 넣어 치약을 만든다. 파동치약을 5년간 판매해 오면서 고객의 평가를 종합해 보았더니 만족도가 아주 높았다.

제조시 특별히 신경 쓴 것은 여러 종류의 원료를 소량씩 혼합하는 것이었다. 특수 파동은 혼합되는 원료를 파동적으로 활성화시키므로 각종 성분의 효능이 상승된다. 입 안이 파동이 좋아져 편안해지고 식사의 균형을 유지해 주는 추가적인 파동의 효능까지 체험할 수 있다. 파동공명은 사람에 따라 차이가 있지만 이러한 파동효과는 다름아닌 치약케이스에 그려진 파동 디자인 때문이다.

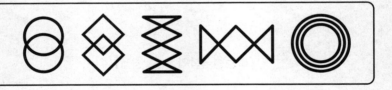

【치약의 파동 디자인】

파동 디자인을 그려 넣는 것만으로 우주의 파동이 치약에 스며든다면 믿을 사람이 거의 없을 것이다. 그러나 사용해 본 고객들의 반응은 아주 좋았다. 믿기 힘들겠지만, 파동 디자인의 부착으로 치약의 파동화가 이루어졌고 고객은 확실히 차별화를 느끼고 있다. 파동상품의 개념도를 그림으로 나타내면 다음과 같다.

【파동치약의 개념도】

◉ 유해전자파 감소 ─ 상품명 : 웨이브 힐러

　휴대폰, 컴퓨터, TV 등 각종 전자제품의 활용도가 급격히 늘어가고 있다. 생산 및 설계 단계에서 전자파를 줄이려는 각종 노력이 이루어지고 있지만 전자파의 유해 논란은 끊이지 않고 있다. 컴퓨터나 휴대폰 등의 전자제품을 오래 사용하는 사람 중 머리가 뻐근하거나 피로감을 호소하는 경우가 늘고 있다. 웨이브 힐러는 파동 디자인을 기기에 부착하여 파동요법으로 유해전자파를 해결한다.

　작동 원리는 전기, 전자, 통신기기 등에서 발산되는 전자파가 갖는 유해파동(마이너스 파동)을 웨이브 힐러(wave healer)가 발산하는 좋은 파동(플러스 파동)으로 정화 및 제거하여 인체에 해가 되지 않는 부드러운 파동(soft wave)으로 바꿔 주는 것이다. 전자파 자체를 100% 기계적으로 차단하기가 불가능하므로 전자파를 파동적으로 정화하여 몸에 부드러운 전자파로 변환시킨다.

이 메커니즘을 그림으로 나타내면 다음과 같다.

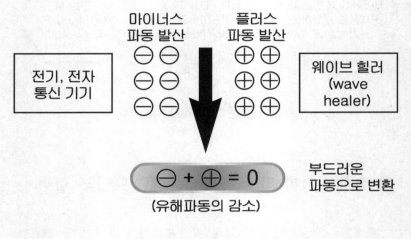

【웨이브 힐러의 작용 원리】

　사용 방법은 파동 디자인 스티커를 휴대폰 등 작은 기기에는 1
매, 컴퓨터, TV, 냉장고 등에는 4매를 각 코너에 부착하는 등 기
기에 따라 적당한 위치에 1~4매 부착한다. 전자파를 해결하는 유
사한 방안들이 시중에 많이 소개되어 있지만 파동의 정화 능력에
는 차이가 있다.

◎ 파동 시계

　파동시계는 행운시계와 건강시계, 이렇게 두 종류가 있다. 파
동시계의 기계적 모양이나 부품의 구성은 일반시계와 똑같다. 단,

생명 내부(Higher Self)로부터의 혁명

시계 문자판에 특수한 파동 디자인이 그려져 있다. 각 시계의 효과와 작용 원리, 사용 방법 다음과 같다.

- 행운시계 : 운이 좋아져 사업상의 이익이 생기거나 승부에서 이긴다. 사업에 도움이 되는 손님을 만나 행운을 얻는다. 직감력과 집중력이 올라가고 대화 능력이 상승한다.

- 건강시계 : 신체 내의 기(氣)의 흐름이 원활해지고 균형이 잡혀 어깨 저림, 근육 뭉침, 몸의 피곤함이 단계적으로 사라져 건강과 원기를 되찾는다.

▶ 작용 원리 : 시계의 문자판에 특수한 형상(pattern)이 그려져 있다. 모형에 작동하는 우주의 파동이 인간의 잠재의식에 존재하는 잠재능력 즉 행운, 건강 정보와 공명한다.

 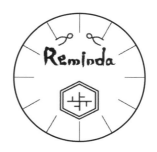

【행운을 가져오는 파동 디자인】　　【건강을 가져오는 파동 디자인】

▶ 사용 방법 : 일하는 시간에는 행운시계, 잠자는 시간에는
　　　　　　 건강시계를 찬다. 행운시계는 왼쪽 손목, 건강시
　　　　　　 계는 오른쪽 손목에 찬다. 양쪽 손목에 각각 한
　　　　　　 개씩 동시에 두 시계를 차도 무방하다.

　　파동설계를 칼이나 프라이팬 등의 주방기기에 응용하면 재미
있는 파동의 작용이 일어난다. 파동 주방칼로 식품을 자르면 식품
속에 우주의 파동이 전달되고, 파동 프라이팬에서 음식을 조리하
면 음식 속에 포함된 수분이 전부 육각수의 파동으로 바뀐다. 우
주의 파동에 공명한 식품이나 음식은 생명력을 활성화시키는 건
강식품이 된다.
　　인류가 주식으로 사용하는 쌀, 보리, 밀 등을 파동 처리할 수
있다. 육각수 농법에 의해 논, 밭에서 재배시 육각수를 직접 쓰는
방법도 있다. 일반적인 농사법에 의해 생산된 제품을 포장하는 포
장지 표면에 특수한 파동 디자인을 부착하면 된다. 육각수를 직접
사용하는 농법보다는 파동 디자인으로 처리하는 방법이 간편하고
비용이 적게 든다.
　　어떤 방법을 쓰든 파동쌀의 효능은 파동육각수의 파동이 갖는
효능과 같다. 농업의 파동혁명이 농촌에는 부가가치를, 소비자에
게는 건강 혁명을 선사할 수 있다. 상품에 그려 넣은 파동 디자인
만으로 우주의 파동을 공명시키는 기술은 비즈니스 변혁을 예고
하고 있다. 파동 디자인이 새로운 시대를 열어 가는 것이다.

생명 내부(Higher Self)로부터의 혁명

◉ 마스터 파동실의 부착

위에서 치약, 웨이브 힐러, 시계 등의 각기 다른 파동 디자인의 패턴을 소개했다. 지구상의 상품 종류는 거의 무한에 가까울 정도로 많은데 파동 디자인을 상품마다 달리하는 것이 번거로울 수도 있다. 이런 점 때문에 간단히 한 가지의 마스터 디자인(master design)으로 해결하는 파동 실(wave seal)도 개발되어 있다. 전자제품, 의류, 생활용품, 액세서리 등 상품의 종류나 크기에는 관계없이 적당한 위치에 마스터 실을 부착하면 된다.

특정한 실을 부착하는 것만으로 파동공명에 의해 우주파동이 상품에 전사된다.

◉ 파동의 돌에 의한 파동화

파동에너지가 함유되어 있는 특수한 돌이 '파동의 돌' 이다. 돌은 우리 주변에 수없이 널려 있다. 물론 돌이라고 해서 전부 좋은 파동이 나오지는 않는다. 필자가 발견한 파동의 돌을 활용하는 방법은 여러 가지 있다. 한 가지 방법으로, 파동의 돌을 미세하게 분쇄한 가루를 해당 상품에 미량 함유하여 파동상품으로 개발하였다.

◉ 왜 파동의 돌인가?

우주에서 돌의 탄생이 가장 먼저였다고 한다. 돌 다음에 물이 만들어졌다. 돌은 물처럼 모든 것을 정보로 기억한다. 돌 속에는 물과 같이 지구의 모든 존재와 역사의 정보가 담겨 있는 것이다.

원시시대의 인류는 돌을 마찰해 불을 만들기도 하고 돌로 생활에 필요한 기구나 그릇 등을 만들어 쓰기도 했다. 고인돌, 영국에 있는 스톤헨지(Stonehenge)처럼 조상을 섬기는 제사나 의식의 장소로 쓰이기도 하고 인간의 마음에 치유(healing)의 기능을 주기도 했다. 돌은 인간의 생활에 어떤 때는 편리한 소재가 되고, 어떤 때는 돌 속에 숨어 있는 에너지의 힘에서 지혜나 혜택을 얻기도 했다.

인류는 원시시대부터 석기시대, 토기시대, 철기시대를 거쳐 지금은 석유 및 반도체시대(정보화 시대)를 맞았다. 정보화의 중심이 되는 반도체의 원료인 실리콘 역시 돌의 일종이라고 생각하면 지금의 시대가 새로운 석기시대의 도래라고 볼 수 있다.

원시시대의 인류는 돌에서부터 삶의 지혜나 직관을 배웠다. 시대가 토기, 철기시대로 변천함에 따라 인간은 돌에서 배우는 기회를 상실했다. 그러나 문명의 순환법칙에 의해 석유 및 정보화시대에서 다시 돌에서부터 직관을 배우는 시대가 된 것이다.

인간이 돌에서 배운다는 의미는 자연에서 배운다는 의미와 다를 바 없다. 예를 들면 석유와 정보화시대를 주도하는 주요 상품에 돌이 갖는 파동을 응용하는 것이다. 다시 말하면 파동화 기술을 접목하는 것이다. 크리스털, 에메랄드 등과 같은 보석류도 돌에 포함된다. 최첨단 기술과 파동 돌 같은 자연의 융합을 생각하는 것이다.

파동의 돌로 컴퓨터 시스템을 파동화시키면 컴퓨터도 좋은 파

생명 내부(Higher Self)로부터의 혁명

동을 내고 기계 자체는 고장률이 줄어 수명이 길어질 것이며 유해 전자파 문제도 해결될 것이다.

◉ 고대 돌의 문명이 한국, 일본에 있었다

인류가 지구상에서 최초의 문명을 이룬 것도 돌 문명이었다. 지금부터 22,000년 전 아시아에는 뮤(Mu)문명, 유럽에는 아틀란티스(Atlantis)문명이 있었다. 두 문명은 2,000년간 지속되다가 두 나라 간의 전쟁으로 둘 다 지구상에서 사라졌다.

몇 년 전에 일본의 오키나와 해저에서 돌성곽이 발견된 것이 뮤의 흔적이고, 지중해 연안의 바다 밑에 가라앉은 고대문명이 아틀란티스의 유적이다. 그 당시 아시아에는 한국, 일본, 베트남, 타이, 호주 등이 같은 문명권이었고, 전설에 의하면 문명의 중심은 한국이었다고 한다. 비록 고대 돌 문명이었지만 수준 높은 기술과 문화가 있었다고 한다.

양대문명이 멸망한 후 살아남은 사람들이 중국, 인도, 영국, 이집트 등지에서 문명을 이어 간 것이다. 21세기가 아시아 시대가 된다면 문명의 순환에 의해 고대 뮤문명이 재현되는 것이다. 한국이 뮤문명의 중심이었다는 것은 사실이며, 한국 국민의 잠재의식에 그때의 정보가 들어 있으므로 직감적으로 느낄 때가 반드시 올 것이다.

필자가 고대 돌 문명을 설명하는 것은 언젠가는 한국이 아시아의 리더가 된다는 역사적 사명감을 새롭게 인식하는 데 그 목적이 있다.

◎ 파동의 돌과의 만남

필자는 직장 시절 틈이 나면 산, 들, 강, 바닷가로 나가 탐석(探石)하는 것이 유일한 취미였다. 돌의 모양, 무늬, 색깔, 석질 등이 종합적으로 만들어 내는 수석(壽石)이 갖는 자연의 오묘한 예술품을 좋아했다.

회사를 그만두고 창업 준비를 위해 회사 부지를 찾던 1995년, 그 1년 동안 의미가 있는 돌을 많이 주웠다. 의미 있는 돌이란 잠재의식에서 원하는 정보가 들어 있는 인연의 돌을 말한다. 귀중한 돌을 만나는 것도 필요한 시기, 필요한 장소가 있다는 것을 그때 강렬하게 느꼈다.

돌에는 만나는 사람에게 들려주는 우주의 메시지가 형상으로 혹은 파동으로 새겨 있었다. 당시에 만나 지금도 귀중하게 보관하고 있는 돌 1점의 사진을 공개한다. 돌 표면에 새겨 있는 파동의 패턴이 필자가 파동사업을 시작하게 된 인연을 상징하는 것을 느낀다.

【파동의 무늬가 새겨 있는 파동의 돌】

생명 내부(Higher Self)로부터의 혁명

돌의 역사는 인간과 비교할 수 없을 정도로 오래되었는데 어떻게 인간을 위한 메시지를 담고 있을까? 이것을 우주가 연결해 준 운명적 만남이라고 해야 될까?

돌에 관한 두 가지의 전설이 있다고 한다. 그중 하나는 일본의 전설로, 세계 어디엔가 만병통치의 에너지를 가진 돌이 있다는 것이다. 또 하나는 한국의 전설로, 한국의 어디서인가 세계를 지배하는 돌이 발견된다는 것이다. 한국에는 고인돌이 세계 어느 곳보다 많다. 역사적 고증은 없지만 한국이 인류 최초의 고대 돌 문명의 발상지로서 뮤시대를 열었다는 사실을 통해 한국에 신비한 돌이 있을 수도 있다는 데 공감한다.

필자가 발견한 파동의 돌이 이 두 전설에 딱 들어맞는다는 주장은 아니지만 앞으로 제이스텝(주)에서 전개해 나가는 파동상품이 힐링 비즈니스로서 많은 사람들에게 즐거움을 줄 것이라는 확신을 갖고 있다.

파동의 돌을 만날 때 필자는 이렇게 느꼈다. '누군가 먼 옛날에 돌에 알람(Alarm)을 세트해 놓았고 지금 그 알람이 울려 내가 너를 찾았구나'라고. 이런 현상을 파동의 공명이라고 한다.

돌은 자연의 산물이다. 물에 들어 있는 파동도 자연에 존재하는 생명의 울림과 같은 것이다. 그런 관점에서 필자가 펼치고 있는 파동사업은 자연과 인간을 연결하는 최초의 비즈니스인 셈이다.

파동의 돌을 상품에 활용하기 위해서는 여러 가지 방법이 있다. 그중 하나로, 돌을 가루로 만들었다. 돌이 위치한 인근 마을에 임시로 분쇄기를 설치해 파동의 돌을 가져다 미세한 가루로 만들었다. 이 미세한 가루를 응용상품에 미량(0.1~3%) 함유하면 우주의 파동에 공명하는 파동상품이 된다. 그것을 어떻게 증명하느냐고 질문하겠지만 그렇게 만들어진 상품을 직접 사용해 보면 차이점을 체험할 수 있다.

파동과학은 기계로 검사하는 기계중심의 과학이 아니라 인간이 체험하고 확인할 수 있는 인간중심의 과학이다.

훗날 필자는 파동의 돌 전시관을 만들고 머릿돌에 이렇게 쓸 것이다. "파동상품의 기적은 돌에서 나왔다"고. 그때가 빨리 오도록 '파동'의 개념을 알리고 파동상품을 한국을 넘어 세계 속으로 열심히 홍보할 것이다.

◎ 파동의 돌을 응용한 상품

화장품, 비누 등을 만들 때 파동육각수를 혼합하는 것은 이미 설명했다. 그런데 여기에 파동돌가루를 미량 섞으면 성능이 더욱 다양해진다. 파동돌가루는 파동공명 효과를 증대시킨다.

화장품의 일종인 미용팩 제품을 만들 때 돌가루를 적당량 넣으면 파동공명으로 피부의 세포 깊숙이 파동이 스며들어 마이너스 파동의 정화 및 노폐물의 배출로 피부 세포가 활성화되어 아름다움과 탄력이 개선된다.

◉ 기계 및 설비의 성능 향상을 위한 파동상품

반도체공장과 화학공장 등의 주요 설비 주변에 파동 시스템을 설치하면 양품률과 생산성이 향상된다. 파동 시스템은 파동돌가루를 혼합한 물체를 가공하여 만든다. 파동 시스템의 규격과 개수는 산업의 응용 부문에 따라 달라질 수 있다. 작동원리는 파동공명에 의해 기계나 설비 속에 함유된 마이너스 파동을 정화하여 힐링시키기 때문이다.

투자를 거의 하지 않고 파동 시스템의 설치만으로 기계 및 설비의 효율이 향상된다면 얼마나 좋을까. 현대과학으로는 이해하기 힘들겠지만 실제로 응용하면 그 효과를 확인할 수 있다. 이 점에 관해서는 생명과 파동 공명의 원리를 증명하기 위한 공장실험에서 설명한 바 있다.

◉ 공해 방지 및 폐수 정제에 활용되는 파동의 돌

파동돌가루를 캐스타블에 소량 혼합하여 소각로의 벽면에 치는 캐스타블로 사용한다. 이렇게 만든 소각로에서 폐기물을 연소시키면 캐스타블에서 발산되는 파동이 연소가 잘되도록 돕는다. 결과적으로 배기가스 중에는 다이옥신, 일산화탄소, 질화산화물, 황화산화물 등의 함량이 줄어 공해도 줄어든다.

폐수가 흐르는 곳에 파동돌가루를 함유한 필터를 설치하여 폐수가 필터 속의 파동의 돌과 접촉하도록 한다. 폐수 정화조에 파동돌가루를 소량 섞어 주어도 된다. 이렇게 폐수를 처리하면 정화된 물 중에 생화학적 산소요구량(BOD), 화학적 산소요구량(COD)이 줄어든다. 이렇게 파동의 돌을 활용하여 폐수를 처리하면 공해요소를 감소시킨 좋은 파동의 물이 된다.

◎ 연료 절약 및 안전도 향상 제품 : 알파힐러

　　파동의 돌과 특수한 파동 디자인을 응용한 연비 및 안전도 향상을 위한 알파힐러에 대해 소개하고자 한다. 현대과학기술에 의해 자동차의 성능은 향상을 거듭하고 있지만 차츰 한계에 다다르고 있다. 알파힐러는 자동차의 환경(ecology) 문제 등을 혁명적으로 개선한다. 가격이 저렴하고 설치도 간단하며 그 효능이 다양하므로 주목할 필요가 있다. 개념도를 통해 간략하게 설명하면 다음과 같다.

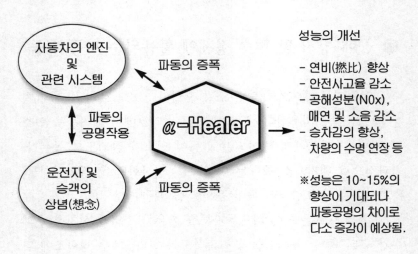

【알파힐러의 개념도】

생명 내부(Higher Self)로부터의 혁명

상품의 구성은 세라믹 팔면체(八面體 : 한 변 2.5㎝ × 높이 4㎝)와 구리(cupper) 피라미드(높이 2.8㎝)로 구성되어 있으며 각 부품은 고유(固有)의 파동물질로 처리하였다.

상품의 효능은 파동 공명의 정도에 따라 다소 차이가 있지만 다음과 같다.

- 연비(燃比) : 10~15% 향상
- 안전사고율 : 10~15% 감소
- 공해성분(NOx), 매연, 소음 : 10~15% 감소
- 승차감, 차량의 수명 : 10~15% 향상

상품의 설치는 아주 간단하다. 차량 내(內) 전면의 편편한 곳에 운전자가 편안하게 볼 수 있는 위치를 찾아 부착한다. 상품과 자동차 사이에 전기 연결은 없다.

상품의 적용 대상은 사용 에너지(디젤, 휘발유, 가스 등) 종류에 관계없으며 차량의 종류(승용차, 버스, 화물차, 덤프트럭, 레미콘 등)에도 관계없다. 비행기, 선박 등에도 적용 가능하다. 장착 대수는 적용 대상에 관계없이 운전석 근처에 한 개만 설치하면 된다. 아무리 큰 원유 운반선이라도 조타실에 한 개만 설치하면 충분하다. 상품의 수명은 반영구적이며 애프터서비스는 필요하지 않다.

성능의 사전 점검 및 개선 확인은 연비, 교통법규 위반 횟수 및 매연(%) 등을 알파힐러 장착 전후로 나누어 변화를 조사한다. 5~7일간 운전해 보면 성능의 변화를 느끼고, 한 달 이상 관찰하면 더욱 확실한 개선 결과를 확인할 수 있을 것이다.

성능이 향상되는 원리의 핵심은 파동의 공명작용이다. 차량 내의 엔진 및 관련 시스템 등에는 소재 및 만든 사람의 나쁜 상념으로 인한 마이너스 파동이 있다. 알파힐러의 플러스 파동은 알파힐러의 부착면을 따라 엔진 및 관련 시스템 등에 전달되어 차량 내의 마이너스 파동을 깨끗하게 정화하고 성능을 향상시킨다. 또한 알파힐러에서 나오는 플러스 파동은 운전자와 승객들의 마이너스 파동을 정화하기도 한다.

$$\ominus \rightarrow \oplus \leftarrow \ominus \rightarrow \qquad \oplus + \ominus = 0 \quad \text{파동의 정화}$$

$$\downarrow$$

자동차 성능의 개선

【알파힐러의 작동 원리】

여기서 플러스 파동은 차체와 인간의 생명력을 활성화시키는 에너지이고 마이너스 파동은 차체와 인간의 생명력을 저하시키는 에너지이다.

◉ 파동 전사장치

물체 A의 파동을 물체 B에 전사하는 장치가 파동 전사장치이다. 파동 전사장치는 필자가 개발한 것으로, 세 부분으로 구성되어 있다. 핵심 부분은 물체 A의 파동을 읽어 다른 물체 B로 파동

생명 내부(Higher Self)로부터의 혁명

을 전달하는 장치이다. 나머지 두 부분은 동판(cupper plate)과 아연판(zinc plate)이다. 동판은 전사하고자 하는 물체 A를 올려 놓는 판이고 아연판은 파동화시킬 물체 B를 놓는 판이다.

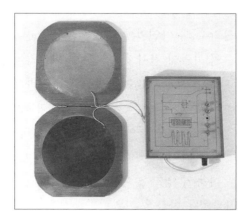

【파동의 전사장치】

◉ 파동전사에 소요되는 시간과 관찰자의 의식

파동 전사장치는 외부의 전기연결을 필요로 하지 않는다. 그러나 장치의 세 부문은 서로 선으로 연결되어 있으며 파동이 그 선을 따라 이동한다. A의 파동이 B로 전사되는 시간은 30분 이내이다.

파동 전사장치는 관찰자의 의식에 따라 소요 시간이 달라진다. 파동 전사장치에 물체를 놓는 순간 파동이 전달될 수 있다. 같은 사람이라도 그 사람의 의식에 따라 영향을 받는다. 물체

A의 파동이 물체 B에 100% 전달될 수는 없다. 파동 전달 비율도 관찰자의 의식에 따라 바뀐다. 장치를 사용하는 실례를 들어 설명해 보겠다.

예를 들면 혈압약에 좋은 파동을 전사시키고 싶다고 하자. 이때 구리판에 파동육각수를, 아연판에 혈압약을 놓으면 된다. 30분 이내에 파동육각수의 파동이 전사장치를 통해 혈압약에 전달된다. 그러면 혈압약의 파동이 파동육각수의 파동에 근접하게 된다. 파동화된 혈압약은 약이 갖는 부작용이 줄어들고 효능이 활성화된다.

돌이 갖는 고유한 효능을 물에 첨가할 수도 있다. 돌이 갖는 고유한 파동은 제각기 차이가 있다. 예를 들면 에메랄드는 의욕을 높여 주고 나쁜 파동의 영향을 차단한다. 루비는 애정, 다이아몬드는 승리, 크리스털은 마음을 이완시키는 파동이 함유되어 있다.

크리스털이 갖는 파동을 물에 전사하여 마시고 싶다면 구리판에 크리스털을, 아연판에 물병을 놓으면 된다. 물에 크리스털이 갖는, 마음을 이완시키는 파동이 전사된다. 그 물을 마시면 물이 갖는 일반 효능에 마음을 이완시키는 파동이 추가된다.

또 다른 예를 들어 보겠다. 골동품의 진정한 가치는 골동품의 파동에 있다. 골동품의 파동은 장인의 정성과 골동품의 소재가 상승 작용하여 만들어진다. 골동품이 마음에 든다는 것은 관찰자와 골동품의 파동공명이 높다는 뜻이다. 그런 골동품의 파동을 다른 물체에 전사할 수 있다. 골동품을 구리판에, 다른 물체를 아연판에 놓으면 된다. 이때 전사한 물체의 파동적인 가치가 골동품의 수준에 근접하게 된다.

최근 의료기술이 발달하여 맞춤형 치료 방법이 속속 등장하고 있다. 파동화 기술로 개인에게 맞는 파동요법이 가능하다. 파동육각수에 그 사람의 고유 파동을 전사하면 파동공명이 더욱 완벽하게 일어난다.

그 사람의 파동은 최근에 찍은 명함판사진이나 머리카락 한 올을 사용하면 된다. 동판에 사진이나 머리카락을 얹어 놓고 아연판에 파동육각수 한 병을 놓아 둔다. 30분이 지나면 파동육각수에 그 사람의 고유파동이 전사된다.

파동육각수가 비록 절대파동으로 파동의 파워가 세지만 자기의 고유파동이 전사된 물을 마시면 잡다한 파동의 교란을 막아 주는 방패 역할을 하여 파동공명의 효율이 극대화된다. 이것이 맞춤형 파동요법이 가능한 이유이다.

파동화된 상품을, 적은 수량이 아니라 대량으로 생산할 수 있다. 금형(金型)을 파동화시킨 후 금형으로 상품을 대량 생산하면 그 상품은 파동화가 이루어진다. 파동 디자인을 스티커로 처리하여 파동화시키면 스티커를 부착하는 것만으로도 파동상품이 된다.

최근에 파동 전사장치에 별도의 파동공명장치를 추가하여 파동상품의 대량 생산 체제가 가능해졌다.

지금까지 예를 들어 설명한 대로, 필요한 물건에 높은 파동을 가진 물체의 파동을 자유자재로 옮겨 놓을 수 있다. 현대과학의 관점에서는 지금까지의 설명을 이해하기에 무리가 따를 것이다. 파동의 세계에 마음을 열고 호기심과 기대감으로 이해해주기 바란다. 이 책을 다 읽고 파동의 위력을 이해하여 좋은 파동을 자기 주변에 둔다는 것이 얼마나 행복한지를 알게 되면 파동의 전사장치에 깊은 관심을 갖게 될 것이다.

제 9 장

새로운 시대를
열어가는
힐링 비즈니스

9. 새로운 시대를 열어가는 힐링 비즈니스

비즈니스의 목표가 '돈'이라면 '돈'이 모든 것을 결정하게 될 것이다. 만약에 새로운 비즈니스가 탄생하여 비즈니스의 최고 목표가 돈이 아니라 '즐거움'이라면 즐거움이 모든 것을 결정하게 될 것이다.

이 책에서 필자가 소개하는 힐링 비즈니스는 즐거움을 선사하는 비즈니스이다. 우주의 파동에 공명하는 파동상품을 유통하는 사업이 힐링 비즈니스이다.

필자는 비즈니스의 세계야말로 인간의 마음을 훈련시키는 최고의 장소라고 생각한다. 고객의 마음을 움직여 사랑을 받을 때 비즈니스가 성장, 발전하기 때문이다. 지구 상에 힐링 비즈니스가 꽃을 피우면 현재의 자본주의 경제도 바뀌어 새로운 창조성 경제로 진입할 것이라는 게 필자의 주장이다.

◉ 힐링 비즈니스란?

　'힐링 비즈니스'라고 할 때 힐링은 치유의 개념을 넘어 인간을 즐겁고 편안하게 하며 창조적으로 생활하게 해 준다는 의미이다. 현재 미국, 일본, 한국 등에서 알려진 좁은 의미의 힐링과 달리 의미가 확대된 것이다. 본인은 확대된 의미의 힐링을 비즈니스 세계에 접목시켜 미래의 비즈니스로 발전시켜 갈 것이다.

◉ 힐링 비즈니스는 즐거움을 유통하는 비즈니스

　필자는 우주의 파동에 공명하는 파동화 기술을 개발하여 현재 상품으로 판매하고 있다. 우주의 파동이 인체에 작용하면 마이너스 유전자가 줄어들고 생명력이 활성화되는 힐링작용이 일어난다. 생명력이 활성화되면 인간은 즐겁게 된다. 필자는 우주의 파동에 공명하는 파동상품이나 파동시스템을 통해 즐거움을 유통하는 새로운 비즈니스를 힐링 비즈니스라고 이름붙였다.

　"꼭 우주의 파동이 연결되어야 즐거움을 주는 것인가?"라는 비판이 있을 수 있다. 현대의 비즈니스에서는 사업이 확대되어 시장 지배력이 커지고 자산이 늘어나는 것도 비즈니스의 즐거움인 것만은 틀림없다. 그러나 인간의 의식이 발전하기 위해서는 비즈니스의 목표가 보다 인간중심으로 바뀌어야 한다. 우주의 파동이 생명을 활성화시키므로 인간의 관점에서는 그 이상의 즐거움이

생명 내부(Higher Self)로부터의 혁명

없다는 것이 필자의 믿음이다.

힐링 비즈니스는 인간, 설비, 상품, 유통, 국가 속에 함유되어 있는 마이너스 파동을 정화하고 생명력을 회복시켜 힐링함으로써 결과적으로 즐거움과 풍요로움이 가득한 인간과 사회로 변화시킨다. 이러한 힐링 비즈니스가 지금 한국에서 태동하고 있으며 앞으로 20여 년 후가 되면 21세기 주요 사업으로 자리매김할 것이다.

한편 21세기에 들어서면서 편리와 효능 중심의 기술(technology) 시대에서 인간의 감성(感性)에 영향을 주는 마음의 기술(mind-technology)시대가 열리고 있다. 힐링 비즈니스는 마음의 기술과 연계되어 이제까지와는 전혀 색다른 즐거움을 인간에게 선사할 것이다.

특수한 파동기술이 응용될 수 있는 상품과 산업에는 한계가 없다. 소비재, 생활용품, 의복, 전자산업, 생명관련산업, 자동차, 화학 장치산업 등의 모든 영역에 응용이 가능하다. 우주의 파동을 접목 하는 방법에는 파동육각수, 파동 디자인, 파동의 돌과 파동 전사 장치의 응용이 있다고 이미 설명했다. 이러한 힐링 비즈니스가 한국에서 꽃피어 일본, 중국, 인도 등으로 확대되고 세계 속으로 번져 나가게 될 날이 올 것이다.

◎ 힐링 비즈니스의 영역

파동육각수가 인간을 힐링하는 것은 이미 설명한 바 있다. 산업설비도 생명체이며 마이너스 파동을 포함하고 있으므로 힐링되면 산업설비가 활성화된다. 상품의 유통 단계나 국가도 그들 나름의 마이너스 파동이 있다. 이를 자세히 설명하면 다음과 같다.

◎ 힐링이 된 생산설비의 효능

파동요법은 인체만이 아니라 제품을 생산하는 생산설비에도 적용이 가능하다. 따라서 생산설비에서도 힐링 현상은 나타난다. 생명과 파동공명의 원리에서 무생물에도 생명과 의식이 있으므로 힐링은 지구상의 모든 존재에게 적용이 가능하다.

파동요법에 의해 생산설비가 갖는 마이너스 파동을 제거하면 생산설비의 성능이 좋아져 생산성과 품질이 향상된다는 것은 이미 설명한 바와 같다.

생산설비가 갖는 마이너스 파동이란 설비를 제작하는 생산 과정에서의 인간의 나쁜 상념(想念)과 설비 제작에 사용된 원부자재에 포함된 나쁜 에너지를 말한다. 생산 설비를 힐링하는 매체에는 특수한 파동의 돌을 특수한 모형으로 가공한 파동시스템, 파동설계의 스티커 등이 있을 수 있다.

◎ 힐링이 된 유통의 세계

유통의 세계에도 마이너스 파동이 존재한다. 유통이란 생산, 공급에서 소비, 수요까지를 연결하는 과정을 말하는 것으로 생산

생명 내부(Higher Self)로부터의 혁명

자와 고객 사이의 유통을 그림으로 표시하면 다음과 같다.

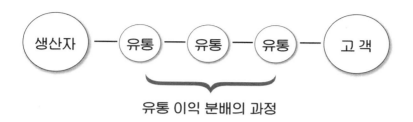

【생산자, 유통, 고객의 연관 관계】

유통의 세계에서 고객의 즐거움을 배가시키는 데 기여하지 않고 이익의 상당 부분을 챙기는 사람이 있다. 유통의 마이너스 파동이란 바로 이러한 사람의 마음을 말한다.

파동육각수에 의해 유통에 종사하는 사람들의 마이너스 파동이 사라지면 유통의 세계가 힐링되는 것이다. 유통의 세계가 힐링되었다는 말은 생산자와 고객 사이의 유통을 신속하게 연결하면서 생산자, 고객, 유통의 삼자(三者)가 모두 즐거워하는 시스템이 되었음을 말한다.

◉ 힐링이 된 국가

국가에도 마이너스 파동이 있다. 의미가 없는 감정만으로 행동하는 사람의 마음이 곧 국가의 마이너스 파동을 만든다. 예를 들면 '사회가 나쁘다. 따라서 혁명해야 된다'라든가 '평화가 좋다.

따라서 아무것도 안 한다' 등의 생각을 가진 국민의 마음이 국가의 마이너스 파동을 만든다.

국가의 힐링은 어떻게 이루어지는가? 국민의 마이너스 파동을 없애는 것으로 힐링은 가능하다. 파동육각수로 국민의 마음에 존재하는 마이너스 파동이 정화되면 국가는 힐링된다. 국가가 힐링되면 즐겁고 창조적인 국민이 되어 국가는 더욱 발전할 것이다.

◉ 상품에 철학이 들어 있다

현대의 상품은 좋은 점이 있는 반면 동시에 부작용도 갖고 있다. 이른바 대극(對極)의 원리에서 벗어날 수 없다. 그러나 파동제품은 플러스 파동의 정화작용에 의해 본래 갖고 있던 나쁜 에너지가 청소되기 때문에 일체의 부작용이 없다.

파동상품은 좋은 점만 있고 부작용이 일체 없다는 점은 대단히 중요한 상품의 철학이다. 현대 상품을 평가할 때 "이 상품은 부작용이 있을 수 있다"라고 말하니까 사람들이 그렇게 믿게 되고 그 때문에 상품의 부작용이 점점 확대되는 악순환이 이루어진다.

◉ P(product, 상품)=P(philosophy, 철학)의 개념

현대의 과학으로 제품(product)을 만들면 제품은 물질로서의 기능만 갖고 있다. 그러나 힐링 비즈니스에서 말하는 제품은 제품

속에 철학(philosophy)이 들어 있다. 힐링 제품이 발산하는 파동이 인간의 마음에 공명하여 그 제품을 사용하는 사람의 마음에 힐링의 즐거움을 쉽게 전달할 수가 있다.

언뜻 듣기에 그런 상품의 존재가 믿어지지 않겠지만 특별한 파동기술은 그것을 가능하게 할 수 있다. 파동기술이라고 해서 다 똑같은 것은 아니고 기술의 레벨에 따라 그 효능에 차이가 크다.

힐링 비즈니스는 큰 돈 들이지 않고 고객에게 더욱 큰 즐거움을 선사해야 성공할 것이다. 그런 점에서 힐링상품은 다음과 같은 요소를 필요로 한다.

- 소재(素材 : product)
- 고객을 즐겁게 하는 기술, 철학(philosophy)

두 가지를 세트(set)로 파는 것

P(product)=P(philosophy) 즉, 상품에 철학이 파동으로 들어 있는 제품의 특성이 힐링 비즈니스의 핵심이다. P=P가 성립하는 제품을 쓰는 사람은 그 사람이 머물거나 움직이는 공간 즉 사회를 좋은 파동으로 바꾸어 힐링하게 된다.

사람이 머무는 공간인 사회 속에 있는 나쁜 파동을 청소하면 사회가 힐링되는 것이다. 필자는 이런 기술을 이미 개발하여 파동치약, 파동시계 및 연비 절약을 위한 제품 등을 판매하고 있다.

◉ 힐링 비즈니스와 인간의 의식

힐링 비즈니스의 효과는 기존 현대과학의 잣대로 볼 때는 이해하기 힘들다. 힐링이 기존의 과학으로는 증명되지 않는다고 해서 비과학적이라는 고정관념을 가져서는 결코 안 된다. 힐링은 파동의 창조적인 작용의 결과 나타나는 신과학(new science)의 분야이다.

필자가 1995년에 생명과 파동공명의 원리를 현장에서 실험할 때의 애로사항은 이미 설명한 바 있다. 앞서 힐링이 된 산업설비의 효능에서 설명한 바와 같이, 생산성이나 품질 측면에서 사람의 능력으로는 평생이 걸려도 불가능해 보이는 성과를 힐링 효과를 통해 얻을 수 있었다. 이때 힐링 기술에 대해 '저런 획기적인 기술이 다른 회사 그리고 세계적으로 확산되었으면 좋겠다'는 기대감을 가지면 막대한 플러스 에너지로 작용한다.

◉ 우주의 파동을 활용하는 열린 의식의 혁명

힐링 비즈니스가 사람들의 인정을 받고 국내를 넘어 세계 속으로 발전하기에는 많은 노력과 시간이 필요하리라 생각되지만 필자는 그 미래를 낙관하고 있다. 현재의 모든 산업이 현대과학을 활용하여 품질과 생산성을 향상해 가고 있다. 그러나 어떤 시점에 도달하면 그러한 점진적인 개선에 즐거움을 느끼지 못하는 시대가 곧 올 것이다. 인간의 마음은 끝없는 새로움과 기적을 원하는 잠재적인 욕망을 갖고 있기 때문이다.

그러한 잠재적인 욕망을 채워 줄 새로운 비즈니스는 무엇일까? 파동과 힐링을 사업으로 하는 힐링 비즈니스라고 필자는 생각한다. 지금 막 태동하는 새로운 힐링 비즈니스를 꽃피울 방법은 무엇일까? 기존의 고정관념과 가치관을 혁신하는 의식의 혁명이 있어야 할 것이다. 새로운 것이 탄생하고 발전하기 위해서는 기존의 것을 버려야 한다. 그릇이 비어 있어야 새로운 것을 담을 수 있다.

파동과 힐링을 이해하기 위해 관련 지식을 공부할 필요가 있다. 그리고 호기심과 기대감을 갖고 관련 상품을 직접 체험해 보는 것이다. 파동은 우리가 살아가는 우주와 자연 속에 존재하고 있다. 우주와 자연을 공부하여 이해하려는 의식을 가질 필요가 있다. 열린 마음으로 우주의 파동을 적극적으로 활용하는 의식의 혁명을 따를 때 힐링 비즈니스는 꽃을 피우게 될 것이다.

◉ 의식이 높아야 경제도 발전한다

그러면 여기에서 인간의 의식과 경제 발전의 상관관계를 이해하는 데 도움이 되는 얘기를 하나 소개하겠다.

인간의 의식이 최고로 발달한 상태를 '깨달음(enlightenment)'이라고 할 때 깨달은 사람이 가장 많은 나라는 어디일까? 대개의 사람들은 종교적이고 신비로운 인도, 네팔일 것이라고 생각하겠지만 전혀 그렇지 않다. 바로 미국이다. 미국이 세계 최고의 경제대국이 된 것과 인간의 의식과는 깊은 정비례 관계가 있다.

깨달은 사람의 파동은 주위 사람에게 공명한다. 깨달은 사람의 의식이 경제를 주도하는 경영자나 주요 계층의 리더들에게 무의식적으로 영향을 주어 그들이 경제적으로 크게 성공한 것이다.

세계 최고의 재벌인 마이크로소프트의 빌게이츠 회장이나 워렌버핏은 그들이 평생 벌어들인 돈의 90% 이상을 인류 발전에 쾌척하고 있다. 마치 그들의 부(富)는 많은 사람들의 즐거운 마음이 도운 것이므로 다시 그 은혜를 많은 사람에게 되돌려 준다는 생각으로 말이다.

이제 미국의 시대에서 아시아의 시대로 옮겨 가고 있다. 아시아가 진정 세계의 중심이 되려면 한국, 일본과 중국을 비롯한 아시아 주요 국가 국민들의 의식이 먼저 높아져야 한다. 더불어 경제가 더욱 발전하고 그 힘으로 아시아의 개도국을 단계적으로 도와 발전시켜야 할 것이다.

힐링은 새로운 과학의 영역이므로 열린 마음으로 파동, 힐링, 파동육각수 등을 비즈니스에 접목하는 벤처 붐이 일어나야 한다. 회사가 태어날 때는 전부 중소기업이다. 그러나 이러한 벤처기업을 오랫동안 중소기업으로 머물러 있게 해서는 안 된다.

대기업도 고정관념에서 벗어나 새로운 벤처 팀을 사내에 만들어 적극적으로 육성해야 한다. 좋은 상품과 철학에는 사람들이 매료되고, 사람이 모이면 그것이 비즈니스가 되고, 그런 비즈니스가 확대되면 사회는 변화하는 것이다.

생명 내부(Higher Self)로부터의 혁명

◉ 힐링 비즈니스의 경영방법론

힐링 비즈니스가 추구하는 경영의 목표와 비전은 무엇인가? 현대경영은 경쟁을 통해 이기지 않으면 소멸한다는 두려움을 갖고 있다. 그래서 기업은 영역(territory), 돈, 조직을 확대하는 데 온 힘을 쏟고 있다. 그러나 인간이 아무리 경쟁해도 지구인(地球人)이라는 형제애를 가져야 진정한 인간중심의 경제가 될 것이다.

힐링 비즈니스는 인간중심의 경제를 목표로 하고 있다. 인간이 자기의 개성을 살려 능력을 최대한으로 발휘하여 행복을 공유하는 세계가 구축될 것이다. 힐링 비즈니스는 딜레마에 빠진 인간과 지구를 살려 내는 유일한 선택이면서 희망이 될 것이다.

◉ 인간이 발전하도록 우주적 관점을 연결한다

경영방법론을 구체적으로 제시해 보겠다. 힐링 비즈니스는 인간을 즐겁게 하는 비즈니스이다. 힐링은 생명력을 활성화시키는 작용이므로 생명과 우주의 파동을 연결한다.

힐링 비즈니스는 파동과 우주에 대한 이해를 더욱 깊게 할 필요가 있다. 파동은 우주의 생명정보를 담고 있는 매체이다.

인간은 우주에서 태어난 존재인데 우주에 대한 물리적 이해 — 바위, 물, 공기 등의 탐사 및 우주여행 — 에는 관심이 있으나 우주의 리듬, 진동에는 관심이 적어 우주의 본질을 이해하지 못하고 있다.

열린 마음으로 인간이 우주의 본질에 가깝게 다가서는 방법론을 설명해 보겠다.

◉ 우주의 물리적 기능 이외에 우주의 리듬, 파동 등에 관한 관찰

인간의 크기를 무한한 우주에 비교해서 말하기는 쉽지 않다. 인간을 비유하건대, 우주의 세포에 해당하는 것이 인간이다. 인간의 육체를 떠받치는 마음의 생각하는(思) 힘에 의해 인간이 하는 모든 일의 발전과 효율을 올릴 수 있다. 한편 우주의 관점에서 인간이 발전하는 원점(原點)은 다음과 같다.

- 어떤 생각으로 경영하는가?
- 어떤 비전으로 번성하는가?
- 어떻게 창조성을 활용하는가?

인체는 우주 구조와 같다. 인간의 육체 내에는 우주의 법칙에 맞게 움직이는 시스템이 있다. 예를 들어 인체의 장기(臟器)가 갖는 기능을 우주 내의 시스템과 연관해 보면 다음과 같다.

- 비장(脾臟) – 우주의 균형(balance)
- 간장(肝臟) – 장래의 에너지 축적
- 신장(腎臟) – 필요없는 에너지의 변환

- 심장(心臟) – 공동의 목적을 수행

한편 인체의 구조를 돈의 사회적 기능에서 연관시키면 다음과 같다. 현대를 살아가는 인간은 돈 문제로 우주와 가장 절실한 대화를 나누고 있다고 볼 수 있다.
- 돈 – 혈액
- 은행 – 심장
- 돈의 순환 – 혈관과 심장
- 전반적인 돈의 정책 수립 – 뇌

인체의 구조가 우주의 시스템과 같은 이유는 인간과 우주가 홀론 관계에 있기 때문이다. 한편 인간이 소우주라는 점도 상기할 필요가 있다.

마음이 활성화되는 시스템, 인간, 상품을 만들어야 한다

(1) 시스템의 경우 : 시스템은 인간이 하고 싶은 욕망을
- 다이내믹하게
- 즐겁게
- 적극적으로

공유하는 조직을 만들어야 한다. 단순히 이익의 공유만은 아니라는 것을 인식해야 한다.

(2) 인간의 경우 :
- 더욱 인간을 위해

- 더욱 인간을 즐겁게
- 더욱 인생을 배우는 사람이

경제와 연동해야 한다.

(3) 상품의 경우 :

- 사용하여 즐겁고
- 팔아서 즐겁고
- 사서 즐겁고

위의 세 가지가 균형(balance)을 이룰 때 상품의 가치가 인정되는 것이다.

작은 공간을 소유한 사람은 상품의 보관 면적이 크면 즐거움으로 연결이 안 된다. 판매력이 있는 사람만이 일방적으로 판매한다고 해서 즐거움으로 연결되는 것은 아니다. 대량 상품은 편리하지만 대량으로 만드는 것 외에는 즐거움이 없다. 개성적인 상품은 희소성, 연구의 깊이, 고가격화 유지 외에는 즐거움이 없다. 균형을 생각하여 우주의 발전의 리듬에 맞추어 유통하는 것이 사회가 활성화되고 돈도 활성화된다.

상품을 살 때 "편리성"과 "설계"를 선택의 주요 기준으로 삼고 있다

그래서 편리성과 설계를 특허로 내었고 그것들이 큰 이익을 가져다주었다. 본래는 우주의 법칙 즉 더욱 즐거움을 갖고 홍보(PR), 판매 및 영업에 임하면 더욱 더 큰 이익을 낸다. 또 이익이 생기면 우주의 리듬과 공명하는 시스템을 개발하는 데 재동원할 필요가 있다.

우주의 파동과 공명하지 않는 상품이 더 이익을 내거나 그것을 선전하는 관행은 새로운 경제 발전에 도움이 되지 않는다. 우주에 공명하는 좋은 상품을 즐겁게 팔려고 하고, 즐겁게 사려고 하는 사이에 비즈니스가 존재할 때 좁은 의미의 경제가 활성화된다. 그러한 인간과 상품의 연계 활동(relay)이 좋게 실천될 때 경제 활동은 우주적으로 발전한다.

(1) 우주의 리듬과 공명하는 시스템
• 우주에 대해 열린 마음, 겸허한 마음으로 자신을 안정
  시키는 것이 기본
• 목적 추구를 위한 시스템의 발전
(2) 우주의 파동과 공명하지 않는 상품
자연의 소재(素材)가 갖고 있는 파동과 이를 상품으로 만들어 유통시키는 사람의 파동이 일치하지 않는 경우를 말한다.

지구는 한정된 공간으로 그 속에 살고 있는 인간도 한정될 수밖에 없으나 우주는 신비하게 확대 일변도이다

물리적으로만 보면 한정된 인간이 무한대로 확대되는 우주와 공명하는 것은 불가능하다. 그러나 인간의 내면에는 무한 확대되는 것이 있는데 그것이 바로 비전(vision)이다. 인간은 비전의 계속적인 확대로 우주의 상념에 가깝게 다가갈 수 있는 유일한 생명체이다.

비즈니스의 경영에 한계를 설정하면 비즈니스가 정지하거나 추락한다. 비전 즉 목표가 달성되면 다음의 비전 즉 새로운 목표를 설정하고 노력하여 연속적인 성과가 나오면 즐거움이 계속된다. 이럴 때 인간은 우주처럼 무한대의 비전으로 살아갈 수 있다. 우주는 무한 확대를 통해 우주가 한정된 것이 아님을 인류에게 가르쳐 "무한대 속에 큰 즐거움이 있다"는 인식을 갖도록 한다.

우주는 인류가 장래의 무한한 발전과 자유를 위해 노력할 수 있는 비전을 이미지할 수 있게 한다. 이것이 우주와 생명을 연결하는 힐링 비즈니스의 경영방법론의 시작과 끝이다. 다음에 설명하는 새로운 경영철학 M-M-C-C 속에는 이러한 원칙과 철학을 전부 담고 있다.

◉ 새로운 경영철학 M-M-C-C

경영자가 가진 가치관의 종합적 반성을 촉구하는 사건이 우리 주변에서 가끔씩 일어나고 있는데, 그중 특별한 사건 하나가 있었다. 1995년 6월 29일, 5층 건물인 삼풍백화점의 붕괴로 고귀한 인명이 500명 이상 희생된 사고가 바로 그것이다. 지금은 그 사건이 대부분 사람들의 기억 속으로 잊혀졌지만 그 사건에서 희생된 고귀한 생명과 그 가족들에게는 결코 잊을 수 없는 사고로 남아 있다.

생명 내부(Higher Self)로부터의 혁명

◉ 경영자의 가치관에 대한 종합적인 평가

삼풍백화점 사고는 어느 정도 예견되었던 것으로, 백화점 건물에 균열이 가 있는 것을 발견한 간부가 회사의 최고임원에게 백화점 문을 닫고 수리를 해야 된다고 보고하였다. 그러나 그 건의는 묵살되고 영업을 계속 하다가 참변을 당했다. 그 당시 백화점 주인은 고객의 안전이나 즐거움보다는 '돈'을 더 벌고 싶었던 것이다. 그렇게 탐내던 '돈'은 참변이 발생함으로써 그 주인으로부터 멀리 도망가 버렸다.

500명 이상의 귀한 생명을 앗아간 그 사고의 현장에는 지금 새로운 건물이 들어서 있다. 그러면 삼풍 사고 속에 숨겨진 메시지는 무엇이었을까? 삼풍백화점 사고가 발생했을 때 국내의 TV, 신문 등 미디어는 온통 건물 붕괴를 가져온 건축 공사의 품질, 평소 건물의 안전관리 둔감증 등이라고만 지적하였다. 대부분의 사람들은 물질적인 가치관에만 눈이 어두워 겉으로 나타난 일차적인 결과만 보고 그 붕괴 사고를 평가한 것이었다.

삼풍백화점 사고에서 그 건물의 공사 품질 문제보다 더 중요한 원인은 경영자의 의식의 품질 문제였다. 즉 경영자의 올바른 가치관의 부재가 그 실질적인 원인이었다. 삼풍백화점 사고는 백화점 영업을 일정 기간 중단한 다음 건물의 결함을 사전에 수리하고 보강하여 고객들의 안전과 즐거움을 최고경영자가 최우선으로 배려해야 했다.

● M-M-C-C의 탄생과 의미

필자는 이에 경영자의 새로운 철학으로「M(money)-M(mind)-C(company)-C(cosmos) : 돈-마음-회사-우주」의 철학을 제시한다. 이 M-M-C-C는 미래의 힐링 비즈니스의 근간이 될 경영 철학이다. 먼저 M-M-C-C 의 단어부터 정의해 보겠다.

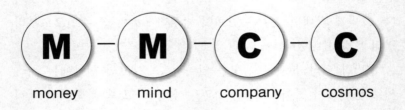

M(money) : 돈
돈은 노동의 대가가 아니고 내가 한 일 때문에 다른 사람들이 얼마나 즐거워했느냐에 대한 보상이다.

M(mind) : 마음
마음은 네 가지 요소 즉, '무한한 영지의 도서관', '에너지를 만드는 그릇', '에너지를 감지하는 기관', '미래를 알아내는 창문' 으로 구성되어 있고 마음의 가운데에 이미지(image)가 있다.

C(company) : 회사
회사는 동일한 목표를 갖고 있는 사람들의 모임이다.

C(cosmos) : 우주

우주는 인간과 무한의 개념을 연결하는 장소이다.

새로운 철학 M-M-C-C가 갖는 의미를 풀이하면 다음과 같다.

돈(money)이란 인간이 상대방에게 즐거움과 사랑을 베푸는 사람의 마음(mind)에 따라 흐르고, 회사(company)는 우주(cosmos)의 철학 즉 회사가 인류와 사회에 도움이 되면 계속 창조되어 발전하고 그렇지 않으면 언젠가는 반드시 소멸하게 된다.

이런 의미에서 필자는 경영인들이 M-M-C-C를 이해하고 실천할 때 진정한 의미의 회사가 창조될 것이라고 생각한다.

◉ M-M-C-C를 이해하는 인간의 조건

새로운 철학 M-M-C-C를 이해하여 일상생활이나 비즈니스에 응용하는 일은 대단히 중요하다. M-M-C-C를 이해하는 인간의 조건은 아래의 네 가지로 요약할 수 있다.

돈에 대한 정확한 개념

'돈'은 평화와 평등을 지키기 위해 탄생한 존재이다. 돈은 나쁘거나 죄스러운 것이 아니라 오히려 우주처럼 성스럽고 스케일

(scale)이 큰 것이다. 이와 같이 '돈'에 대한 정확한 개념을 정립해야 한다.

우주의 넓이, 철학을 이해

우주는 현재의 순간에도 팽창을 계속하고 있는, 실로 무한한 크기의 세계이다. 인간이 우주 속의 산물이므로 우주처럼 무한한 비전(vision)을 갖고 노력할 수 있으나 우주에는 분명한 철학이 있다.

우주의 철학을 인간적으로 해석하면 다음과 같다. "인간이 하는 일이 인간과 사회의 발전, 성장에 도움이 되면 계속 창조되고 그렇지 않으면 언젠가는 반드시 소멸한다"는 것이다. 인간이 우주처럼 무한한 비전을 갖고 노력하되 올바른 철학이 있어야 성공한다.

경영의 기본 이념을 공부

현재 대부분 회사의 경영목표는 자사의 영역(territory), 이익과 조직을 확대하는 물리적 성장에 두고 있다. 그러나 본질적인 경영의 이념은 "많은 사람의 윤택함을 즐거워하면서 힘을 합쳐 큰 꿈을 현실화하는 것"에 둔 인간중심의 경영이라야 한다.

인간의 마음의 기본 구조를 이해

인간의 마음은 아래의 그림과 같이 무한한 영지(英智)의 도서관, 에너지를 만드는 그릇, 에너지를 감지하는 기관(sensor), 미래를 보는 창문(window), 이렇게 네 가지 구성 요소로 되어 있고 그 가운데 이미지(image)가 있다.

생명 내부(Higher Self)로부터의 혁명

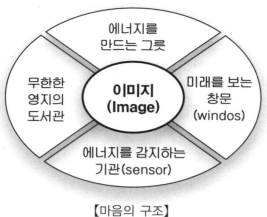

【마음의 구조】

인간의 마음은 육체 내에도 있지만 마음의 본체(本體)는 육체 바깥에 있다. 인간의 마음은 무의식의 세계를 통해 우주와 직결되며 마음의 구조에서 이해할 수 있듯이 무한한 능력이 잠재되어 있는 보물창고와도 같다. 인간의 마음을 이해하는 것은 우주를 이해하는 것과 같은 것이다.

이상의 네 가지를 충분히 이해하면 새로운 철학 M-M-C-C에 공감하리라 생각된다.

◎ 창조성 경제로의 이행

필자는 M-M-C-C가 정착되면 지금의 경제체제가 바뀌어 창조성 경제가 새롭게 열릴 것이라고 생각한다.

돈과 마음의 관계에 대해 반신반의해 왔지만 지금은 새롭게 바뀌는 전환기를 맞고 있다. 돈이 마음에 따라 흐른다는 명제에 공감하는 사람이 늘고 있는 듯하다. 인간의 의식이 높아지고 좋은 생각(good mental attitude)을 가진 사람이 돈을 평화와 평등을 구현할 목적으로 활용하면서 '돈'은 우주와 같이 성스럽고 크다는 인식이 확산될 것이다.

한편 현재의 '자본주의 경제'는 서서히 변화되어 '창조성의 경제'로 바뀔 것이다. 창조성 경제가 이루어지면 어떤 변화가 생길까? 필자의 의견을 제시해 보겠다.

'돈'이 즐거운 마음의 보상이라는 인식이 정립되면 상품을 만들 때 잘 팔릴까를 걱정하기에 앞서 남에게 즐거움을 줄 수 있을까를 먼저 생각한다. 그러므로 경제가 즐거움 즉 사랑의 유통이라는 인식이 성립될 것이다.

돈이 갖는 물질적 가치보다는 돈이 가져다주는 마음의 가치가 더욱 증대되면서 인간의 추구 대상이 돈에서 영성(靈性)이나 진정한 자아(自我) 등으로 이동할 것이다.

인간의 마음속에 내재하는 창조성을 발휘, 새로운 창조적 비즈니스가 활성화되어 인간이 더욱 풍요로워지면 경영의 목표가 부(富)의 축적을 넘어 행복의 공유(共有)로 옮겨 갈 것이다.

자본주의 경제의 키워드는 '돈'이지만 창조성 경제에서의 키워드는 인간의식의 수준을 나타내는 '파동'이 될 것이다.

한국 국민은 창조성이 뛰어나 지구상에서 창조성 경제를 열어가고 정립시키는 주역이 될 것이며 일본, 중국 등과 손잡고 아시아의 부흥 시대를 열어갈 것이다.

창조성 경제가 정립하는 데 소요되는 기간은 인간의식의 변화

생명 내부(Higher Self)로부터의 혁명

속도에 달려 있다. 필자는 2025년~2030년경에 창조성 경제로 진입할 것을 전망하고 있다. 인간의 의식이 충분히 높아지고 창조성 경제가 심화되면 행복을 공유하는 세계 즉 유토피아가 열릴 것이다.

창조성 경제로 연결하는 네 가지의 변화

필자가 주창하는 창조성 경제가 지구 상에서 현실화되는데 필요한 바람직한 네 가지의 변화를 정리해 보겠다.

① **지금의 세계는 국가 단위로 경제, 교육, 의료 등에서 불평등이 너무 심하다고 할 수 있다.** 이 문제를 해결하지 않고서는 지구 규모의 발전을 기대하기가 힘든 상황이다. 이를 위해서는 세계 주요 국가의 국민이 국가관과 세계관을 균형 있게 가져야 할 것이다. 미국, 중국, 일본, 러시아, 인도 그리고 한반도(북한 포함)가 주요 국가들이다. 경제와 군사 면에서 다른 나라를 지배하려는 욕망에서 탈피하고 세계 국가들과의 진정한 공존의 길을 모색해야 할 것이다. 각국의 지도자의 의식과 리더십도 중요하지만 국가의 국민 전체가 갖는 국가 의식과 세계 의식이 균형을 이루어야 할 것이다.

한편 두 나라 사이의 관계가 우호적으로 해결되어야 할 경우도 있다. 예를 들면 미국과 중국, 미국과 러시아, 일본과 중국, 일본과 한국 등의 관계가 그러한 예이다. 이들 두 나라들은 상호 존중하고 상생하는 진정한 파트너십을 구축해 나아가야 할 것이다. 이렇게 지도적 위치에 있는 국가들이 변화된 세계 의식으로 다른 국가들을 돕게 된다면 세계는 급속하게 발전, 성장할 것이다.

② **경제와 비즈니스의 목표는 '사람을 즐겁게 하는 것'이 되어야 한다.** 경영이념이 부(富)의 추구에서 복(福)의 추구로 승화되어

야 한다. 창조성의 경제적 성과인 부를 자기에서 그치지 않고 남에게도 보여 주고 나누어 갖도록 한다. 부를 공유하여 많은 사람이 즐거움과 풍요를 느끼는 복이 되게 한다.

이렇게 부를 공유하여 복을 넓혀 가는 사람은 주위로부터 존경받게 될 것이다. 남을 돕는 것이 결국은 자기에게로 돌아와서 전체가 발전하여 복이 확산되도록 한다. 창조성 경제의 최대의 부산물은 인간의 행복이다.

③ **창조성 경제에는 인간의 창조성이 가장 중요하다.** 창조성을 저해하는 것은 인간의 마음속에 있는 마이너스 유전자이다. 인류가 무찔러야 할 적은 다른 국가나 국민이 아닌 자기 자신이다.

어떻게 하면 마이너스 유전자를 줄여 갈 수 있는가? 이 책에서 여러 번 설명한 바와 같이 자기가 맡은 일을 즐겁게 하는 것이다. 자기만 즐거울 게 아니라 상대방도 함께 즐거워야 한다는 자타공락(自他共樂)의 가치관을 실천하는 것이다.

마음이 즐거우면 우주의 파동을 쉽게 받을 수 있어서 자신 속에 있는 마이너스 유전자가 소멸된다. 마이너스 유전자가 계속 소멸하게 되면 인간의 영성(靈性)은 높아진다. 국민의 영성을 높여 가고 소중하게 생각하는 정부를 영성정부(Spiritual government)라고 할 수 있다.

영성정부가 세계 곳곳에서 운영되면 인류는 평화와 번영을 구가할 것이다. 영성정부는 국민의 영성을 높여 주는 각종 제도와 교육에 심혈을 기울여야 한다. 국민의 영성이 높아지면 국민의 창조성은 더욱 발휘되고 창조성 경제는 뿌리를 내리게 된다.

④ **창조성 경제시대에는 인간이 우주에 더욱 관심을 갖는 우**

주시대를 열어갈 것이다. 창조성은 인간이 만들어 내는 것이지만 인간만의 것은 아니다. 창조성의 근원은 우주에 있다고 볼 수 있다. 인간이 우주와의 파동공명을 통해 창조성이 발휘되는 것이다. 이런 관점에서 창조성 경제시대는 우주의 원리를 탐색하고 연구하는 시대가 될 것이다.

우주를 연구한다는 말은 인공위성을 쏘아 올려 우주탐사를 하는 물리적 측면의 노력을 의미하는 것이 아니다. 우주 속에 있는 파동의 실체, 파동과 생명의 연관성과 우주의 철학 등을 공부하자는 것이다. 현 시점에서 각국은 우주탐사 활동에 역점을 두고 경쟁하고 있다. 필자가 말하는 측면에서 우주를 탐구하는 균형된 노력을 경주해야 할 것이다.

인간이 소우주이므로 우주를 탐구하는 것은 인간 자체를 탐구하는 것과 같다. 그런 의미에서 우주의 시대는 인간이 자기 자신을 찾아 본래의 자기로 돌아가는 자아실현의 시대이기도 한 것이다. 21세기가 우주의 시대이면서 창조의 시대가 된다는 것은 인간에게는 대단한 의미를 갖는다.

창조성 경제는 인류와 지구 전체가 우주에서 태어난 사실을 재인식하고, 우주적인 사랑을 느끼고 실천하는 전환점을 마련할 것이다.

우주적 사랑은 우주의 파동 전체를 사랑하고 우주를 존중하면서 친구처럼 사랑하는 것이다. 인간이 우주를 창조의 협력자(partner)로 생각하고 사랑하는 것이 우주적 사랑이다. 창조성 경제시대에는 우주적 사랑이 있는 사람이 리더가 될 것이다.

이상과 같이 창조성 경제시대는 인간이 여러 방면에서 의식을 변혁시켜야 가능한 것이다. 창조성 경제를 앞당기는 것은 인류와 지구를 살리는 길이기도 하다.

제 10 장

우주의 **파동**이 알려 주는
지혜와 **관점**

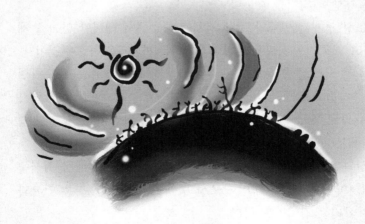

인간 생명의 비연속성

새롭게 인식하는 인간과 인생

21세기 창조적 인간의 열 가지 조건

치료와 치유의 보완 · 통합

파동의 시대, '순수한 사랑'이 키워드

10. 우주의 파동이 알려 주는 지혜와 관점

생명 내부에 존재하는 '진정한 자기 자신(Higher self)'은 우주의 핵심과도 공명한다. 진정한 자기 자신은 생명의 실체이기도 하다. 생명의 실체는 우주로부터 지혜와 에너지를 얻어 내고 있다. 생명의 실체는 인간의 의식 속에 숨어 있지만 끊임없이 인간의 삶에 나침반 역할을 하고 있다.

이 장에서 소개하는 다섯 가지의 테마는 필자가 터득한 우주의 지혜와 관점에서 쓴 것이다. 21세기 창조의 시대에는 우주적 철학을 이해하는 사람이 성장, 발전한다고 믿고 있다.

인간의 삶에 우주 파동의 영향력이 높아지는 현 시점에서 이 장의 내용이 자신의 생명과 자아를 이해하는 데 도움이 되기를 기대한다.

◈ 인간 생명의 비연속성

　인간의 육체는 하나뿐이지만 생명에너지가 깃들어 있는 마음에는 두 개의 의식이 있다. 현재의식(顯在意識)과 잠재의식(潛在意識)이다. 인간의 의식에는 생명에너지가 깃들어 있으므로 생명에는 여분(spare)이 있는 것이다. 생명은 연속적인 것처럼 보이지만 사실은 불연속 선상에 있다. 순간순간 생명은 재탄생하는데, 그 과정은 아래의 그림과 같다.

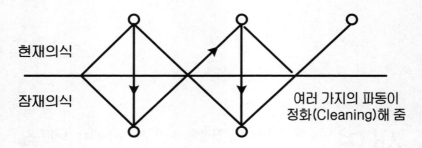

【생명에너지의 정화 과정】

　현재의식이나 잠재의식은 전부 파동으로 구성되어 있지만 잠재의식은 훨씬 넓고 깊은 의식 세계이므로 갖가지 파동이 녹아 있다. 잠재의식 속의 여러 가지 파동이 현재의식의 생명에너지를 정화(cleaning)해 준다.

　인간이 현재의 순간순간을 즐겁게 보내면 잠재의식 안에 존재하는 에너지와 공명이 높아진다. 공명이 높아지면 잠재의식 안에서 정화작용이 활발하게 일어난다. 이렇게 정화된 생명에너지

생명 내부(Higher Self)로부터의 혁명

가 인간의 생명을 재탄생하도록 돕는 것이다. 따라서 오늘 이 순간을 즐거워하는 것이 생명에너지를 '정화 — 재탄생' 시키는 가장 현명한 방법이다.

인간의 마음은 육체 내에도 있지만 그 본체는 육체 바깥에 있다. 육체의 바깥이라면 그곳이 바로 우주(cosmos)이다. 인간의 육체는 인간에게 맡겨져 있지만 마음은 우주에 위치해 있다.

왜 인간의 육체와 마음을 이같이 분리해 놓았을까? 우주가 탄생하여 스스로를 운영하는 법칙은 참으로 오묘하다. 육체는 인간이 해칠 수 있지만 마음은 우주라는 별도의 금고(金庫)에 보관되어 있어서 훔쳐 갈 수도 없고 피해를 줄 수도 없게 되어 있다. 마음은 그만큼 성스럽기 때문이다.

필자가 주창하는 "인간의 생명에 여분이 있다"는 말은 어쩌면 황당한 소리로 들릴 것이다. 그러나 필자가 오랜 기간 파동을 연구하고 체험하는 과정에서 직감적으로 알게 된 것이다. 인간이 생명을 육체에 한정하다 보면 이 말을 도저히 이해할 수 없다. 그러나 인간의 생명을 우주의 파동과 연결되어 있는 파동시스템이라고 이해하면 필자의 주장에 납득이 갈 것이다.

가끔 일이 안 풀리고 육체가 피곤하여 생각이 연결되지 않을 때 잠을 푹 자고 일어나면 의식이 맑아지고 의욕이 되살아 나는 것을 느낄 때가 있다. 이런 현상은 현실적인 업무로 현재의식의 에너지가 소진되었다가 잠이라는 휴식을 통해 잠재의식에서 새로운 에너지로 충전되었기 때문이다.

여기서 만약 현재의식이 극도의 위기 상황에서 스스로 생명을 포기한다면 그것이 죽음이다. 그렇지 않고 현재의식이 잠재의식의 협조가 필요하다고 스스로 느끼게 되면 즉각 잠재의식은 좋은 생명력으로 현재의식을 새롭게 만들어 인간의 생명활동은 계속된다.

'생명이 연속적이지 않다'라는 말에 혹시 생명의 에너지가 끊어지면 어떻게 되나 하고 불안감을 가질 수도 있다. 그러나 새로운 명제의 메시지는 아래와 같이 분명하다.

인간은 생명을 자기의 책임하에 엄격하게 보존해야 하고 그러기 위해서는 의식을 높여 가는 꾸준한 노력이 필요하다

한편 우주의 위대한 법칙은 인간에게 잠재의식이라는 또 하나의 생명을 여분으로 만들어 두고, 인간이 감사하면서 즐겁게 살아가는 한 생명은 원하는 만큼 연장될 수 있다는 무한의 사랑을 베풀고 있다.

◉ 새롭게 인식하는 인간과 인생

1. 人의 의미

인간은 육체적으로 60조(兆) 개의 세포로 구성되어 있지만 그 세포는 미세한 에너지에 의해 움직인다. 그 미세한 에너지는 사람을 뜻하는 '人'의 세 기둥에 나타나 있다. 세 가지 에너지는 '우주로부터 내려온 에너지, 선조로부터 내려온 에너지, 자신의 육체로부터 발산되는 에너지'이다. 이렇게 사람(人)은 세 가지 에너지의 융합체이다. 여기서 에너지는 파동과 동일한 말이다.

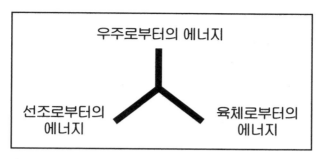

【사람 人의 의미】

우주로부터의 에너지는 다른 말로 직영(直靈; direct spirit)이라고도 하는데 위대한 존재가 보내는 에너지를 말한다. 선조로부터의 에너지는 일명 영혼(靈魂)의 에너지라고 부른다. 육체로부터의 에너지는 사람이 태어나서 호흡하고 식사하는 생활에서 만들어진 기(氣)로 이해하면 된다. 사람이 죽은 후 육체는 썩어서 흙으로 돌아가고 육체를 형성했던 에너지 즉 기(氣)는 무덤 근처에 남게 된다.

사람을 구성하는 세 가지 에너지는 세포를 움직이는 소프트웨어에 해당하며 인간의 의식(意識)을 이루게 된다. 사람은 각자의 마음가짐, 생활태도, 가치관 등에 따라 세 가지 에너지 중 특정 에너지의 지나친 지배를 받을 수 있다. 그러나 가장 바람직한 것은 세 가지 에너지를 균형 있게 의식하면서 살아가는 것이다. 만약 우주적인 에너지를 지나치게 의식하면 현실적인 '빵' 문제에 소홀할 수 있으며 그 반대도 마찬가지다. 우주의 섭리, 선조에 대한 공경심, 현실적이고 육체적이며 물질적인 생활이 골고루 균형을 이루는 삶이 가장 바람직한 것이다.

2. 間의 의미

태양의 에너지

　인간의 간(間)자를 門, 日의 두 글자로 나누어 그 의미를 풀어
보겠다. 門은 두 개의 상대적인 입구(門)를 상징하고 있다. 두 개
의 상대적인 입구는 상대적인 개념 즉 플러스, 마이너스를 상징한
다. 성공과 실패, 행복과 불행, 건강과 질병 등의 대칭되는 요소가
비슷하게 존재하는 것을 의미한다. 우주의 법칙 가운데 유사상대
(類似相對)의 법칙이 있다. 우주 속의 모든 존재나 현상은 정확한
대칭이 아니라 거의 대칭으로 되어 있다는 것이 유사상대의 법칙
이다. 門이 갖는 의미는 우주의 법칙이 인간에도 그대로 적용됨을
말해 주고 있다.

　서로 대칭되는 개념을 양옆에 두고 그 가운데 태양(日)이 들어
앉았다. 이것은 태양(日)에너지에 의해 균형(balance)을 잡아야
한다는 것을 의미한다. 인간이 살아가는 데 있어서 태양으로부터
의 에너지가 플러스, 마이너스 그 어느 쪽으로 치우치지 않도록
균형을 잡아 주는 버팀목의 역할을 하고 있다.

생명 내부(Higher Self)로부터의 혁명

3. 人生에 있어서 '生'의 의미

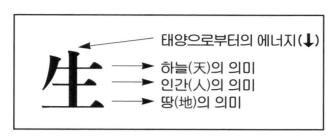

위에서 표시한 대로 '살아 있음'의 '生'의 의미는 하늘, 땅, 인간의 세 요소를 태양으로부터의 에너지가 서로 엮어 준다는 것이다.

태양에너지가 天, 地, 人 세 가지 요소를 엮어 유기적으로 화합함으로써 '生'을 유지시키고 있다는 의미이다. 이렇게 '生'은 태양의 에너지가 지탱해 주는 것으로 그 태양에너지가 끊어지면 죽음(死)으로 바뀐다. 인간의 생명은 태양에너지와 긴밀히 연관되어 있다.

이상으로 인간, 인생의 의미를 한자어로 풀어 보았다. 이를 통해 알 수 있듯이, 인간은 살아가는 모든 과정(人生)에서 태양의 에너지와 직결되어 있고 그 태양은 지구가 속해 있는 우주의 별(星)이다. 태양의 탄생 및 운행은 우주의 섭리에 의해 운영되는 것으로, 인간의 생명과 생활 자체가 우주 법칙의 지배 속에서 영위되고 있음을 새삼스레 인식하게 된다.

이렇게 색다르게 인간, 인생을 조명해 볼 때 파동, 태양에너지 그리고 하늘(=우주)의 개념이 인간과 인생에 깊은 영향을 주고 있는 것이다. 21세기는 깊은 통찰력을 통해 삶의 방식과 가치관을 변혁시켜 우주의 법칙과의 균형을 되살릴 필요가 있다.

◉ 21세기 창조적 인간의 열 가지 조건

21세기는 창조의 시대라는 것이 필자의 직감이다. 다시 말하면 21세기는 우주의 파동이 인간에게 강력히 영향을 주는 시대라는 뜻이다. 창조의 시대이므로 창조에 앞서 창조적이지 못한 인간, 사회, 회사, 국가는 쇠퇴할 것이다. 한편 인간과 사회에 영향을 많이 주는 경제, 철학, 미디어 등이 기존의 틀에서 새롭게 창조될 것이다. 창조적인 것과 창조적이지 못한 것의 차이는 인간이 하는 행동이나 생각이 우주의 법칙에 부합되느냐의 차이라고 생각할 수 있다. 우주의 법칙에 부합되면 창조적이고 그렇지 못하면 창조적이지 못한 것이다. 창조적 인간이 되는 열 가지 조건을 필자의 직감에서 제시해 보고자 한다.

첫째, 상대방에게 일방적으로 바라서는 안 되며 상대방으로부터의 소망과 사랑의 균형이 중요하다

상대방에게 무엇 — 그것이 물질적이든 정신적이든 — 을 받는 것을 당연하게 생각하고 요구하거나 의지하는 것은 바람직하지 않다. 상대방에게서 소망하는 것과 상대방을 위하는 사랑이 균형 잡혀야 한다.

자신의 사랑과 타인의 사랑을 균형 있게 생각한다. 자신만을 생각하는 것 즉 자신만의 사랑은 이기적인 욕심이다. 자신과 남을 동시에 사랑할 때 자기에게 주어진 지식과 직관이 균형 있게 발전하여 창조적인 삶이 이루어진다.

둘때, 카르마(karma)를 벗을 수 있도록 노력한다

먼저 카르마(karma)의 뜻을 살펴보면 다음과 같다.

- KA : 심하게 감정을 움직이는 것
- R : 반복하는 성질
- MA : 자세, 현상

위의 각각의 뜻을 합하여 풀이하면 카르마(karma)란 '인간의 영혼을 심하게 움직이는 파도 속에 영원히 담가 놓는 현상'이다. 그러면 카르마는 어떻게 만들어지는가? 인간의 생명이 이 지구상에 태어나서 반 영겁의 세월이 흐르는 동안 우주의 법칙에 어긋나게 행동한 일, 생각 등이 만들어 낸 죄(罪)가 카르마를 형성한다.

각자의 생명 속에 포함된 이러한 죄는 생명력을 저하시키는 것이므로 마이너스 유전자와 같다. 즉 카르마는 마이너스 유전자와 동일한 말로 쓰일 수 있다. 이 책의 전반부에서 여러 번 설명한 인체의 마이너스 유전자와 같은 의미로 생각하면 된다. 인간의 생명력에 포함되어 있는 카르마가 발산하는 나쁜 에너지 때문에 인간은 병에 걸리기도 하고 재난을 당하기도 한다.

따라서 인간이 살아가면서 경험하게 되는 질병이나 재난을 자기 속에 있는 카르마가 사라지는 모습으로 생각하고 그런 일이 생기더라도 반성하여 평상의 마음으로 되돌아오는 것이 필요하다. 실패나 건강을 잃었을 때 남을 탓하거나 억울하다고 생각하면 또다시 자기 생명 속에 카르마를 만들게 된다.

인간은 삶을 통해서 생명 속에 담겨 있는 카르마를 줄여 가고 있다고 말할 수 있다. 카르마 즉 마이너스 유전자와의 싸움이 인생이라고 말할 수 있다. 카르마를 벗을 수 있는 삶이란 어떤 것일까? 아래의 세 가지가 충족되면 카르마를 벗을 수 있을 것이다.

- 카르마에서 발산하는 감정에 휩싸이지 않고 객관적이 될 수 있도록 노력해야 한다. 이것은 고도의 정신적 수업(修業)이라고 할 수 있다.
- 자기가 하는 비즈니스에 즐겁게 집중하여 창조적 성과를 올린다.
- 창조적 성과로 부(富)를 축적하고 많은 사람이 공유하도록 베푼다.

부를 공유하면 복(福)이 되어 즐거움이 확대된다.

셋째, 즐겁게 살아간다

살아가면서 모든 일에 즐거운 마음으로 임하는 것이 발전하고 성공하는 비결이다. 만약 하는 일이 즐겁지 않으면 실패할 확률이 높으므로 행동으로 옮기지 않고 공부하는 것이 좋다. 미래에 좋은 일이 있으리라 믿고 괴로운 오늘을 인내하면서 살아가는 데는 한계가 있다. 오늘 현재 주어진 일이 무엇이든, 어떤 상태이든 즐거운 마음으로 임하는 것이 가장 바람직하다.

생명이 있는 동물과 식물은 아무리 하찮은 것이라도 생명의 관점에서 인간과는 형제와 같은 존재다. 그들을 즐겁게 해 주면 그들도 좋은 파동을 보내 주므로 결국 자신이 즐거워진다.

즐거움은 인간을 창조로 이끄는 왕도(王道)이다. '즐겁게 살아간다'는 것은 '창조적으로 살아간다'는 것과 동일하다.

넷째, 미래에 희망을 갖는다

인간에게는 태어날 때 우주로부터 똑같은 미래를 부여 받는다. 오늘 자신이 처한 여건이 남보다 불리하더라도 생명력을 다해 노력하면 희망하는 것을 반드시 성취할 수 있다. 인생에서 어떠한 곤경에 처하더라도 희망을 잃지 말고 빛(光)을 생각한다.

다섯째, 좋은 일을 찾아 한다

여기서 좋은 일이란, 우주의 법칙에 화합하면서 아래의 두 가지가 균형을 이루는 것을 말한다. 첫째, 자립(自立)할 수 있는 일을 한다. 자신이 독립할 수 있는 마음과 물질의 능력을 구비하는 일을 찾아 한다. 둘째, 남을 도울 수 있는 일을 한다.

여섯째, 공부하여 지혜를 높인다

지식은 인간이 만든 것이고, 지혜는 우주 속에 벌써부터 존재하고 있던 것이다. 그러므로 지혜를 높인다는 것은 우리가 살고 있는 우주를 공부하자는 의미이기도 하다. 우주를 이해하기 위해서는 마음의 훈련을 통해 마음속에 내재하는 영지(英智)를 깨우쳐 알아내야 한다. 인간은 소우주이므로 인간의 내면을 깊이 탐구하다 보면 우주의 영지와 만날 수 있다. 이러한 마음의 훈련은 진정한 자기 자신을 찾기 위한 것으로 '깨달음의 과정'이라고도 한다. '깨달음'으로 가는 길이 인간으로서의 진정한 지혜를 높이는 길이다.

우주의 구조 및 운영체계에 관심을 갖는다. "인간을 탄생시킨 우주의 구조는 어떠하며, 우주는 어떠한 법칙에 따라 운영되는 것일까?" 이런 질문은 인간의 삶을 우주의 리듬에 맞추려는 진지한 마음가짐에서 나온다. 우주의 법칙이 인간의 마음에 투영되어 있기 때문에 우주를 이해하려는 노력은 궁극적으로 인간자신을 이해하는 길이기도 하다.

일곱째, 가정을 지킨다

가정은 자식들이 태어나고 성장하는 곳이다. 가정은 자식들에게 예의범절, 협동심과 사랑을 가르쳐 준다. 가정의 화합(和合)이 가족 개개인과 사회가 발전하는 출발점이다.

여덟째, 웃는 것 이외의 감정을 컨트롤한다. 웃음은 아무리 웃어도 지나치는 일이 없다

아무리 슬픈 일이 있어도, 즐거운 일이 있어도 그런 감정에 자기를 빼앗겨서는 안 된다. 이런 마음가짐을 중용이라고 한다. 웃는 것에는 지나침이 없는 이유는 웃는 것 그 자체가 자신의 생명력을 활성화시켜 주기 때문이다.

아홉째, 자신의 리더십(leadership)과 힘(power)을 믿는다

인간은 태어날 때부터 직관, 창조성, 똑같은 미래라는 세 가지 무기를 갖고 태어난다. 금전과 같은 물질, 육체적 조건 등을 포함한 자기가 처한 여건에 관계없이 세 가지 무기가 동등하게 주어져 있음을 인식하는 게 중요하다.

이런 마음이라야 인간으로서 자립(自立)할 수 있다. 우리들 마음의 핵심에는 전능한 대유(大有)가 자리잡고 있다. 대유(大有)는 우주의 법칙과 공명하므로 자신의 리더십과 힘을 믿어야 한다.

생명 내부(Higher Self)로부터의 혁명

열째, 사람을 꾸지람하지 않도록 노력한다

사람에 따라서는 꾸지람을 들어야 잘못을 개선하여 올바르게 되는 사람이 있는 것이 사실이다. 그럼에도 불구하고 사람을 꾸짖지 않도록 노력해야 된다.

그 이유는 무엇일까? 인간을 탄생시킨 우주의 관점에서 보면 인간은 똑같기 때문이다. 다시 말해 인간의 '진정한 자아'는 똑같이 위대하기 때문에 숨어 있는 능력을 어떻게 계발하느냐가 문제일 따름이지 어느 누구도 남을 꾸짖을 위치에 있는 것은 아니라는 뜻이다.

사람을 꾸짖지 말아야 하는 또 다른 관점이 있다. 우주의 법칙에는 동질결집(同質結集)의 법칙이 있다. 이는 '질이 같은 것끼리 모인다'는 법칙이다. 내 주변에 꾸지람을 받을 사람이 있다는 것은 내 스스로 꾸지람 받을 요소가 있다는 것과 같다.

주변의 남을 꾸짖을 것이 아니라 자기 스스로 노력하여 질을 올려놓으면 주변에 동질의 사람이 모여들어 꾸짖을 사람이 없어진다. 인간은 언제나 남을 꾸지람하기에 앞서 자신의 결점을 살피고 고쳐야 하는 법이다

이상이 필자가 제시한, 인간이 창조적으로 되는 열 가지 조건이다. 열 가지를 전부 실천하는 것은 불가능할지 모르지만, 인간이 가장 소중히 간직하고 생명을 다해 지켜야 할 것으로 생각한다. 우주는 창조적인 인간에게 행복을 공유하는 세계에 살 수 있는 권리를 부산물로 줄 것이다.

◉ 치료와 치유의 보완·통합

인간의 생명 문제를 연구하여 인간에게 "건강한 삶의 시간"을 연장시켜 주는 학문분야가 생명과학이다. 필자는 생명과학의 핵심과제는 물과 파동이라 생각하고 파동육각수의 연구와 파동과학의 사업화에 진력하고 있다. 미국을 비롯한 세계 각국은 유전자 관련 기술을 통해 궁극적인 인간의 질병 문제를 해결하겠다고 경쟁을 벌리고 있다.

인체는 파동의 유기적 결합체라는 인식이 필요

인체를 구성하는 세포나 세포가 모여서 만들어진 장기(臟器)는 입자이면서 동시에 파동을 띠고 있다. 인체의 장기가 눈에 보이는 심장, 위, 간, 신장 등 기계적으로만 연결되어 있다면 현대의학은 그 자체로 부족함이 없어 보인다. 그러나 세포와 세포 사이, 장기와 장기 사이가 비어 있는 것이 아니라 파동이라는 눈에 보이지 않는 에너지로 꽉 차 있으며 서로가 유기적으로 연결되어 움직이는 것이다.

현대의학이 인정하는 것은 눈에 보이는 것뿐이기 때문에 이러한 파동의 작용이 인체의 생명활동에 관련된 메커니즘을 이해하지 못하고 있다. 미시(微視)적으로 보면 세포 사이가 파동으로 차 있지만 거시(巨視)적으로 보면 세포 내의 에너지는 우주의 에너지와 벽이 없이 서로 열려 있기 때문에 파동공명이 꾸준히 일어나고 있다.

우주에서 내려오는 생명 파동의 정보가 인체 내의 파동시스템에 전달되고 서로 작용함으로써 인간의 생명활동이 제어되는 것이다. 현대의학이 완벽한 생명과학으로 태어나기 위해서는 보완책으로 파동의 실체와 작용에 대해 새로운 시각에서 조명(照明)해야 될 것이다.

우주가 내려 주는 생명 파동 정보가 유전자의 진정한 내용물

과연 인간의 생명의 문제는 유전자 연구만으로 해결될 것인가? 인간의 생명이 우주의 산물(産物)이라면 물질이 아닌, 보이지 않는 생명에너지에 관심을 갖고 연구할 필요가 있을 것이다. 우주에서의 생명의 정보는 에너지 즉 파동의 형태로 인간에게 전달되기 때문이다. 유전자는 생명의 비밀을 담는 그릇에 불과하다. 유전자라는 그릇의 진정한 내용물은 생명을 창조한 대자연의 의지(will)인 것이다. 대자연의 의지는 생명 파동 정보를 '파동' 이라는 매체를 통해 인간을 포함한 만물에게 전달한다. 유전자에 담긴 대자연의 의지야말로 생명의 본질이요 진정한 실체인 것이다. 생명 파동 정보(life wave information)가 인체에 작용하여 유전자나 세포를 움직이는 실제적인 생명활동을 주관한다.

진정한 건강 혁명은 치료와 치유기술의 보완 · 통합에 의해 이루어진다

현대의학의 발달이 인간의 건강과 생명 연장에 기여한 바가 실로 지대하며 유전자 기술에 의한 생명과학이 가져올 치료 혁명에 기대가 크다. 현대의학(現代醫學)은 인간의 육체가 병이 들면 약물과 수술요법으로 치료(cure)하는 개념이다. 현대의학은 육체가 마음보다 중요하다는 관점에서 물리적 의술(醫術)을 발전시켜 왔다. 그러나 현대의학의 한계는 질병이 생기면 그 뒤에 치료가 이루어진다는 데 있다. 질병 없이 오래 사는 인간 장수의 꿈은 예방의학의 발전에 의해 이루어질 것이다.

미국, 독일, 캐나다 등지의 의료선진국에서는 대체의학(alternative medicine)이 크게 발전하여 파동 혹은 기(氣), 힐링 등의 새로운 자연치유법에 대한 사람들의 인지도가 우리 나라보다 훨씬 높다.

자연치유법에서는 특유한 파동이 인간의 의식에 작용하여 의식을 좋게 변화시킨다. 그 변화된 의식이 육체적인 요소인 세포를 바꾸어 진정한 체질개선이 이루어지면 면역력과 자연치유력이 증대되어 마음과 몸이 치유되는 힐링이 이루어진다.

이렇게 힐링은 특수한 파동이 인간의 마음에 영향을 주고 그 마음이 육체에 영향을 준다는 파동과학이 제시한 마음의 의술(醫術)의 작용이다. 한방의학(漢方醫學)은 각종 자연 한약재가 갖는 파동의 효능과 침(acupuncture)의 기능으로 볼 때 파동을 응용하고 있는 의학에 가깝다.

인간의 진정한 건강은 우주에서 내려 준 생명 파동의 정보가 인체의 생명활동의 핵심이라는 인식과 힐링을 이해하는 데서 출발한다고 본다.

생명과학이 진정한 꽃을 피우려면 치료(cure)기술의 최첨단인 유전자기술을 포함한 현대의학과 힐링(healing)기술이 서로 보완, 통합되어야 한다는 것이 필자의 주장이다.

많은 사람들이 힐링에 대해 눈을 뜨고 생활 속에서 체험함으로써 마음과 육체가 균형 잡힌 생명의 활력으로 진정한 건강이 이루어질 것이다. 앞으로 20~25년쯤 지나면 인간의 질병과 건강을 다루는 의학의 체계도 힐링의학(healing medicine)이 만개(滿開)하여 인간의 평균 수명 또한 150세를 넘을 것이며 지금은 상상할 수 없는 행복한 삶을 누리리라 기대된다.

◉ 파동의 시대, '순수한 사랑'이 키워드

21세기는 창조의 시대라고 한다. 창조의 시대는 인간이 우주의 법칙을 이해하고 자연과의 조화 속에서 삶을 영위할 때 만개할 것이다. 우주의 기본은 파동이다. 따라서 21세기는 창조의 시대이면서 동시에 파동의 시대이기도 하다. 현시점에서 이런 시대의 흐름을 인지하는 사람은 적지만 차츰 증가할 것이다.

파동의 원천은 인간의 마음이다. 생명을 탄생시킨 '위대한 존재'의 파동은 인간의 마음속에도 깃들어 있다. 모든 창조에는 '위대한 존재'의 사랑이 그 토대를 이루고 있다고 말할 수 있다.

그런 의미에서 파동의 시대의 키워드는 순수한 사랑이 될 것이다. 순수한 사랑은 인간을 포함한 우주의 만물을 탄생시킨 '위대한 존재'의 사랑을 의미한다.

십자가에 못 박힌 예수, 6년간의 산중고행(山中苦行)을 한 석가모니를 비롯한 성인(聖人)들은 그들의 희생적 사랑으로 인류를 구제하여 시공을 넘어 현대에까지 영향을 미치고 있다. 그들의 희생적 사랑이 헛되지 않으려면 인간은 내면 세계의 성찰과 자기 혁신으로 새로운 깨달음을 얻을 필요가 있다. **깨달음의 핵심은 '위대한**

존재'의 사랑을 인간적으로 이해하고 실천하는 길이라고 생각한다.

지구에서 인류가 살아가고 있는 현재의 모습은 과거와 비교했을 때 경제, 의료, 생활수준, 문화 면에서 많이 달라지고 좋아진 것도 사실이다.

그러나 그간의 다각적인 노력에도 불구하고 지구상의 전쟁, 테러, 기아, 질병과 환경파괴는 계속되고 있어 현재의 상태가 지속되면 지구와 인류가 온전하리라는 보장은 없다.

본인은 최초로 '생명과 파동공명의 원리(life and wave resonance theory)'를 1995년 7월 7일 발표한 이래 파동과학과 관련한 비즈니스의 연구와 개발에 진력하고 있다. 우주는 '파동' 이라는 매개체를 통해 인류와 지구가 발전하도록 도와주고 있다는 확신을 필자는 갖고 있다.

그런 관점에서 현재의 인류가 구제 받기 위해서는 시간이 걸리더라도 인류와 우주가 힘을 합쳐 인류 전체가 순수한 사랑에 스스로 눈을 뜨는 자기 혁명적인 변화를 필요로 한다. 상대방을 즐겁게 하는 적극적인 사랑을 펼치자는 것이다.

인류 전체가 적극적 사랑을 실천하는 데는 우주의 파동이 절대적으로 큰 역할을 할 것이다. 즉 인간과 우주의 합동 작전이 필요한 것이다. 우주의 파동에는 순수한 사랑을 일깨워 줄 수 있는 지혜가 정보로서 듬뿍 들어 있다.

우주의 파동에 공명하기 위해서는 인간이 즐거운 마음을 유지해야 한다. 즐거운 마음이 우주의 파동을 받을 수 있는 인간의 조건이기 때문이다. 우주의 파동과 공명하면 우주의 파동 속에 정보로 함유된 순수한 사랑이 인간의 마음에 내재한 사랑을 활성화

생명 내부(Higher Self)로부터의 혁명

시킨다.

인간을 평가하는 현재의 기준은 자산, 능력, 운(運)의 힘 등이지만 앞으로는 순수한 사랑이 그 기준이 될 것이다.

어떻게 하면 인간이 순수한 사랑을 실천하고 확산시킬 수 있을까?

첫째, 자기의 애정의 목적과 비전을 정해야 한다. 그러기 위해서 자신이 가진 위대한 힘을 인식하고 그것을 바탕으로 사랑의 힘을 통해 큰일을 할 수 있다는 생각의 비전을 확고히 가져야 한다.

둘째, 누구를 즐겁게 할 것인가를 정한 뒤 그것을 행동에 옮기고 그 행동을 즐겁게 생각한다.

셋째, 교육과 생활 캠페인을 통해 순수한 사랑은 자신의 건강, 사회, 미디어, 인류의 의식을 승화시켜 간다는 새로운 인식과 공감대를 형성한다. 생활 캠페인으로는 '즐겁게 생활하고 마음을 열자(enjoy and open mind)'는 운동을 일상화하는 것도 순수한 사랑을 실천하는 데 도움을 줄 것이다.

남을 즐겁게 하는 순수한 사랑은 인간의 마음을 풍요롭게 만들어 과학, 종교, 철학을 통합하여 새로운 문화를 창조하고 행복을 공유하는 세계를 이 지구 상에서 구현하는 데 도움을 줄 것이다.

맺는 말

필자가 파동과 물에 관해 관심을 갖고 미국, 일본, 영국 등지의 전문가를 통해 틈틈이 공부하다가, 30년간 근무한 삼성을 떠나 1994년 창업을 결심한 것이 엊그제 같은데 많은 세월이 흘러갔다. 1995년 파동 육각수를 만드는 S.C.B.E(super cosmic bio energizer)라는 장치를 개발하고 경기도 양평에 공장을 지어 본격적인 사업에 뛰어든 것이 벌써 12년째다.

필자에게 사람들이 간혹 질문하는 것이 있다. "레민다 파동육각수와 파동관련 사업을 하게 된 동기가 있느냐"고. 사업은 누가 시켜서 한 것이 아니라 내가 스스로 결정한 일이었다. 먼 옛날 나의 잠재의식에 알람(alarm) 세트를 해 놓은 것이 어느 날 갑자기 울린 것처럼 내 자신을 물 사업 쪽으로 끌고 갔다. 그러면 누가 알람을 세트해 놓고 때맞춰 울리게 했을까? 필자는 그 실체가 역시 생명 내부의 진정한 자신이라고 생각하고 있다.

필자는 종교를 갖고 있지 않다. 필자는 우주와 자연에 대한 관심이 그 누구보다 크고 우주를 창조한 '무한의 개념'에 대한 존재를 믿고 있는 사람이다.

필자가 삼성에서 큰 프로젝트를 완성할 때는 '힘(energy)과 속도(speed)'를 무척 좋아했다. 그러나 필자가 직접 추진한 파동 사업의 현재 성과는 기대에 크게 못미치고 있다. 그간의 사업상의 시련도 있었지만 그 시련은 성공을 위한 든든한 반석이 되고 있다.

레민다 파동육각수와 관련 파동상품의 기술적인 체계와 노하우는 충분히 정립되었다. 이번에 한 권의 책으로 관련기술, 사업의 전망과 방향을 정리하면서 새롭게 '힘과 속도'를 복원해야겠다고 스스로 다짐하고 있다.

필자가 새롭게 사업을 시작할 1994년 6월의 어느 날 일기장에는 이렇게 쓰여 있다. "창업은 내 자신을 확대하는 것이다. 진정한 자신 속에 잠재되어 있는 창조성을 확대하여 현실화하는 것이다. 내가 중심이 되는 또 하나의 30년은 인간의 창조성을 사업화할 것이다. 21세기의 키워드는 창조성이 될 것이다. 그러면 왜 창조성인가? 창조성이 비즈니스의 성공을 가져올 것이고 그 결과물을 사람들과 나누어 가지면 행복을 공유하는 세계가 만들어질 것이다."

사업을 추진하면서 그 어느 때도 필자는 창조성의 위대함을 잊어 본 적이 없다. 필자를 지탱하고 있는 유일한 버팀목이 "창조성은 반드시 성공한다"는 믿음이다. 독자들도 본 책을 끝까지 읽어 보면 파동육각수, 파동상품과 힐링 비즈니스 등의 존재에 관해 한편으로는 놀랍기도 하고 다른 한편으로는 의심스럽기도 할 것이다.

필자가 주장하는 내용에 과학적 근거를 제시하지 못한 부분은 독자들의 이해를 구한다. 이 책에서 설명한 내용의 대부분은 어느 책에도 소개된 바가 없는 필자의 직관적인 통찰의 결과라고 감히 말할 수 있다. 파동과 힐링은 새로운 과학이므로 언젠가는 증명될 수 있을 것이다. 현대과학의 잣대로 새로운 과학을 전부 평가할 수는 없다. 새로운 과학은 인간중심으로 판단하는 유연한 사고방식이 필요하다.

사업을 시작한 지 12년이 지나도록 파동의 세계를 널리 전파하지 못한 것은 확실히 필자의 역량이 부족한 탓이다. 지금부터 새로운 각오로 미래에 대한 확고한 비전을 실현하는 데 최선을 다할 것이다.

아무쪼록 많은 사람들이 육각수, 파동과 힐링 등의 새로운 과학과 비즈니스에 마음을 열고, 이해하고, 체험해 보면서 새로운 창조의 시대를 활짝 열어갈 것을 간절히 기원하는 바이다.

2007년 8월

저자 성 평 건

성평건(成平健)

1942년 경남 사천출생
부산대학교 공과대학 화학공학과 졸업

삼성그룹 30년 근무
삼성종합화학 등의 사장 역임

「생명과 파동공명의 원리」 세계 최초 발표
(1995/한국, 일본, 미국에서 발표)

레민다 파동육각수 및 파동기술 개발

생명내부로부터의 혁명

글 · 성평건
펴낸이 · 이충석
꾸민이 · 성상건

초판 발행 · 2007년 9월 15일
재판 발행 · 2016년 9월 10일
펴낸곳 · 도서출판 나눔사
주소 · (우) 03446 서울특별시 은평구 은평터널로7가길
     20. 303(신사동 삼익빌라)
전화 · 02)359-3429   팩스 02)355-3429
등록번호 · 2-489호(1988년 2월 16일)
이메일 · nanumsa@hanmail.net

ⓒ 성평건, 2016

ISBN 978-89-7027-190-3-03300

값 15,000원
잘못된 책은 바꾸어 드립니다.

이 도서의 국립중앙도서관 출판예정도서목록(CIP)은 서지정보유통지원시스템 홈페이지(http://seoji.nl.go.kr)와
국가자료공동목록시스템(http://www.nl.go.kr/kolisnet)에서 이용하실 수 있습니다. (CIP제어번호 : CIP2016021146)